LE
QUÉBEC
40 sites incontournables

Textes : Henri Dorion (henridorion@videotron.ca)
Photographies au sol : Yves Laframboise (yvesl@mediom.qc.ca)
Photographies aériennes : Pierre Lahoud (pierrelahoud@oricom.ca)
Photographies au sol de Harrington Harbour, pages 84 et 87 : Isabelle Lejeune
Cartographie : Andrée Gauthier

Conception graphique : Julie Gauthier
Traitement des images : Mélanie Sabourin
Révision et correction des textes : Céline Sinclair

Catalogage avant publication de la Bibliothèque nationale du Canada

Dorion, Henri
Le Québec : 40 sites incontournables

1. Québec (Province) - Guides. 2. Monuments naturels - Québec (Province). 3. Lieux de villégiature - Québec (Province). 4. Québec (Province) - Ouvrages illustrés. I. Laframboise, Yves. II. Lahoud, Pierre. III. Titre.

FC2907.D67 2003 917.1404'4 C2003-941620-8

Gouvernement du Québec – Programme de crédit d'impôt pour l'édition de livres – Gestion SODEC – www.sodec.gouv.qc.ca.

L'Éditeur bénéficie du soutien de la Société de développement des entreprises culturelles du Québec pour son programme d'édition.

Nous reconnaissons l'aide financière du gouvernement du Canada par l'entremise du Programme d'aide au développement de l'industrie de l'édition (PADIÉ) pour nos activités d'édition.

Nous remercions le Conseil des Arts du Canada de l'aide accordée à notre programme de publication.

Pour en savoir davantage sur nos publications, visitez notre site : **www.edhomme.com**
Autres sites à visiter : www.edjour.com • www.edtypo.com • www.edvlb.com • www.edhexagone.com

Dépôt légal : 4e trimestre 2003
Bibliothèque nationale du Québec

ISBN 2-7619-1691-3

DISTRIBUTEURS EXCLUSIFS :

• Pour le Canada et les États-Unis :
MESSAGERIES ADP*
955, rue Amherst
Montréal, Québec
H2L 3K4
Tél. : (514) 523-1182
Télécopieur : (514) 939-0406
* Filiale de Sogides ltée

• Pour la France et les autres pays :
VIVENDI UNIVERSAL PUBLISHING SERVICES
Immeuble Paryseine, 3, Allée de la Seine
94854 Ivry Cedex
Tél. : 01 49 59 11 89/91
Télécopieur : 01 49 59 11 96
Commandes : Tél. : 02 38 32 71 00
Télécopieur : 02 38 32 71 28

• Pour la Suisse :
VIVENDI UNIVERSAL PUBLISHING SERVICES SUISSE
Case postale 69 - 1701 Fribourg - Suisse
Tél. : (41-26) 460-80-60
Télécopieur : (41-26) 460-80-68
Internet : www.havas.ch
Email : office@havas.ch
DISTRIBUTION : OLF SA
Z.I. 3, Corminbœuf
Case postale 1061
CH-1701 FRIBOURG
Commandes : Tél. : (41-26) 467-53-33
Télécopieur : (41-26) 467-54-66
Email : commande@ofl.ch

• Pour la Belgique et le Luxembourg :
VIVENDI UNIVERSAL PUBLISHING SERVICES BENELUX
Boulevard de l'Europe 117
B-1301 Wavre
Tél. : (010) 42-03-20
Télécopieur : (010) 41-20-24
http://www.vups.be
Email : info@vups.be

Henri Dorion Yves Laframboise Pierre Lahoud

LE QUÉBEC
40 sites incontournables

LES ÉDITIONS DE L'HOMME

À Renée, à Louise
et à Alison

Les auteurs désirent exprimer leurs sincères remerciements aux personnes suivantes qui ont participé, chacune à sa façon, à la réalisation de cet ouvrage.

Renée Hudon, première lectrice et conseillère ; Frances Caissie, Christine Eddie, Lauraine Montreuil, Johanne Robitaille ; Anh Richez, Monique Khouzam, Léna Allard et Robert Derome ; Andrée Gauthier, qui a réalisé toutes les cartes de l'ouvrage au Laboratoire de cartographie du département de géographie de l'Université Laval ; Julie Gauthier, Mélanie Sabourin et Céline Sinclair, des Éditions de l'Homme ; les auteurs cités au début des chapitres et les éditeurs qui nous ont aimablement permis de reproduire ces extraits de texte ; Marc-André Boutin de la SEPAQ ; Guylaine et Pierrette de *Imageries Prisma* ; l'équipe de Pro-Aviation : Isabelle, Martin, Mélanie, Michel et les pilotes Cimon, David, Marc, Patrick, Philippe, Steve et Stéphane ; Patrick Bélanger, Sébastien Lessard et Gérard Thériault. Un merci particulier à Daniel Lacerte, pilote émérite et neurochirurgien, qui consacre une grande partie de ses loisirs à survoler le Québec et qui de ce fait a rendu possible la réalisation de nombreuses photographies de ce livre.

Avant-propos

Aimé et réputé pour ses grands espaces, le Québec n'a pourtant rien d'un pays uniforme. En fait, vastitude et variété s'y conjuguent pour faire de ce territoire une mosaïque aux cent visages, aux mille facettes. Aussi, doté par la nature d'une personnalité plurielle, l'espace québécois est aménagé de façon à ce que la valorisation de ses attraits et son inévitable humanisation n'en détruisent pas l'harmonie.

Évoquer la pluralité des paysages québécois tout en dépassant les clichés diffusés par une publicité pourtant nécessaire constitue un défi que ce livre relève grâce à un florilège de 40 sites choisis pour leur représentativité des divers aspects de la réalité géographique québécoise. L'objectif des auteurs était d'en présenter un tableau grâce à des exemples dont l'intérêt particulier se double à chaque fois du pouvoir évocateur de lieux qui ont un caractère emblématique.

Les sites ont été retenus pour leur pittoresque, leur charme, leurs qualités esthétiques, mais aussi et surtout pour leur valeur représentative et parfois pour leur caractère exceptionnel. Le résultat en a été que les différentes régions du Québec s'y trouvent représentées. On ne s'étonnera guère de rencontrer, au fil de l'itinéraire proposé, des chutes majestueuses, de fiers rochers, des parcs qui sont de véritables encyclopédies de sciences naturelles, des villages isolés à nuls autres semblables et des lieux patrimoniaux enveloppés d'une atmosphère intimiste.

Mais on pourra peut-être se demander quel est le dénominateur commun entre une montagne impressionnante mais difficilement accessible, un monticule perdu dans la plaine, un bout de littoral construit par un éboulement, une forêt d'arbres tordus, une rangée de maisons identiques dont plusieurs sont en ruines et une mine à ciel ouvert. C'est que chacun de ces sites si différents apporte sa contribution à l'image globale du Québec. C'est en cela que les 40 sites présentés ici sont *incontournables*.

Les lieux qui font l'objet de cette tournée géographique du Québec ont été regroupés selon leur appartenance à l'une ou l'autre des trois grandes régions géographiques qui composent le territoire québécois : du nord au sud, le bouclier canadien constitué des *plus vieilles montagnes du monde ;* la plaine du Saint-Laurent, dont le caractère agricole en fait *le jardin du Québec*; et les Appalaches, dont *les ondulations* viennent mourir dans le Saint-Laurent. Entre les deux premières régions s'insère un chapelet de sites qui illustre éloquemment le phénomène du contact entre le bouclier et la vallée du Saint-Laurent, *là où monts et plaines se rencontrent.*

La présentation de chacun des sites a été conçue de façon à ce que ce livre soit à la fois un guide (à utiliser avant, pendant et après la visite des lieux), une occasion de se souvenir mais aussi de rêver, une incitation à en connaître davantage et un tremplin pour aller voir ailleurs. La disposition des rubriques qui se retrouvent d'un site à l'autre, la facture simple et accessible des cartes géographiques de même que la clarté des textes ont été pensés en fonction de ces objectifs. Pour faciliter leur repérage, les noms de lieux qui figurent sur les cartes géographiques sont composés en caractères gras dans le texte. Quant aux références bibliographiques qui clôturent chacune des 40 visites, leur choix ayant évidemment été subjectif, elles ne se veulent que des suggestions incidentes destinées à quiconque souhaite *en savoir plus.*

Voici donc 40 sites qui constituent des clés pour comprendre le Québec, sa variété et sa cohérence. Chacun révèle un volet de la géographie du pays, aussi riche que complexe et variée. Chacun est aussi une incitation à poursuivre la découverte systématique de ce territoire qui fait notre richesse collective.

Table des matières

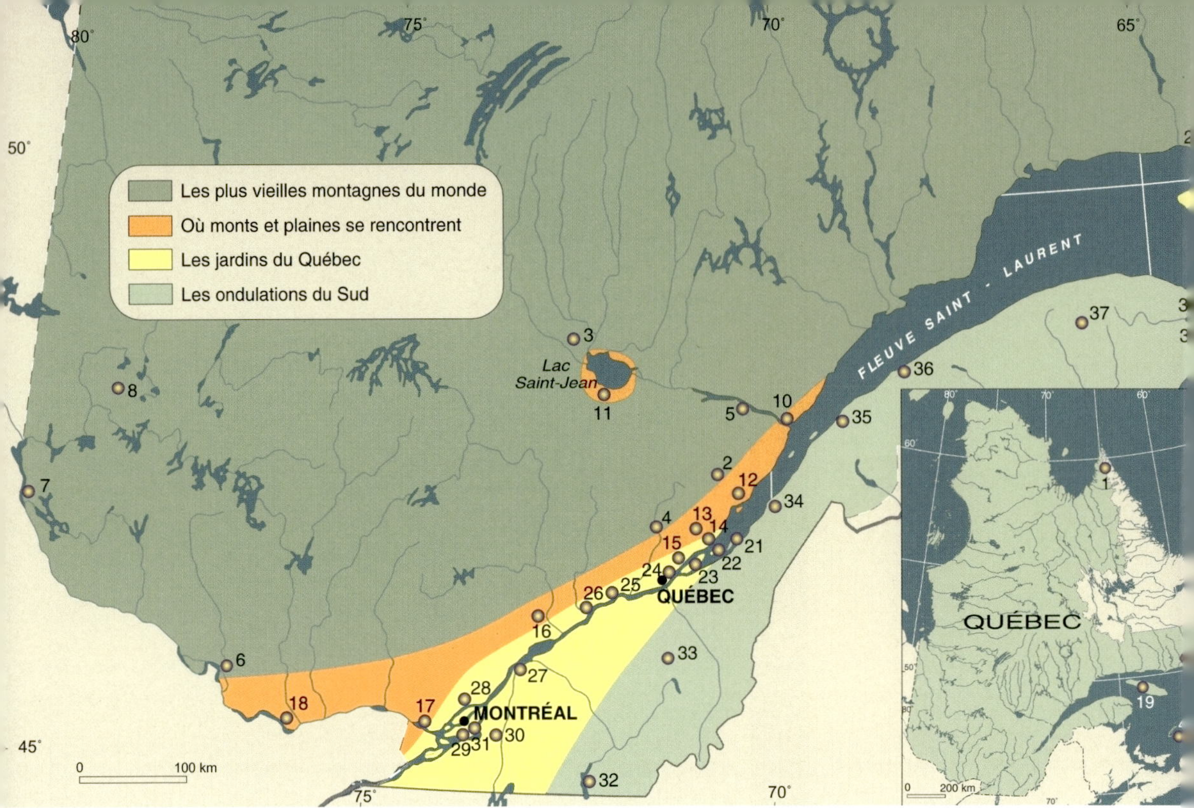

Sites

Les plus vieilles montagnes du monde

1- Le mont D'Iberville
2- Le mont du Lac des Cygnes
3- Les Grands Jardins de Normandin
4- La vallée de la Jacques-Cartier
5- Le fjord du Saguenay
6- Les chutes Coulonge
7- La Forêt enchantée
8- La Cité de l'or

Où monts et plaines se rencontrent

9- Harrington Harbour
10- Tadoussac
11- Val-Jalbert
12- Les Éboulements
13- Les Sept Chutes de la rivière Sainte-Anne
14- Le cap Tourmente
15- La chute Montmorency
16- Les chutes de Shawinigan
17- Le Calvaire d'Oka
18- Le parc de la Gatineau

Le jardin du Québec

19- L'île d'Anticosti
20- L'archipel de Mingan
21- L'île Verte
22- La Grosse Île
23- L'île d'Orléans
24- Le cap Diamant
25- Le cap Lauzon
26- Sainte-Anne-de-la-Pérade
27- Le chenal du Moine
28- L'île des Moulins
29- Le canal de Lachine
30- Le fort Chambly
31- Le mont Royal

Les ondulations du Sud

32- Le lac Memphrémagog
33- L'amiante de Thetford
34- La montagne à Coton
35- Le Bic
36- Les Jardins de Métis
37- Le parc de la Gaspésie
38- Le parc national de Forillon
39- Le rocher Percé
40- Les îles de la Madeleine

Liste des symboles utilisés dans la cartographie des sites

Note : Les noms de lieux inscrits sur les cartes apparaissent en caractères gras dans le texte.

Symbole	Légende	Symbole	Légende
	Sentier pédestre		Cap et pic
	Piste cyclable		Point de vue
	Autoroute		Moulin à eau
	Route principale		Phare
	Route secondaire		Domaine ou château
	Chemin de fer		Église
	Limite de parc		Petite église ou chapelle
	Traversier		Centre d'interprétation
	Barrage		Camping
	Battures		Accueil
	Côte		Sentier pédestre
			Belvédère

Symbole	Légende	Symbole	Légende
	Urbain		Déboisé
	Marais		Boisé

Les plus vieilles montagnes du monde

Les plus vieilles montagnes du monde

Regardez la carte géographique du Canada. Une gigantesque écuelle occupe tout le nord du pays, du Yukon jusqu'au Labrador. Elle offre aux divinités du Nord toute l'eau qu'elle peut contenir : la baie d'Hudson et les mers arctiques. Cette vaste soucoupe, c'est le bouclier canadien qui prend en écharpe la plus grande partie du Québec, au nord du Saint-Laurent.

Il peut paraître étrange que les géologues aient utilisé le terme de « bouclier », qui évoque une idée de protection, pour désigner les vastes espaces de roches extrêmement anciennes qui forment l'ossature des continents et auxquels on attribue un caractère austère, rigoureux et peut-être même mystérieux pour ceux qui l'abordent pour la première fois. C'est sans doute la puissance qui se dégage de ces paysages qui a inspiré les scientifiques ; ils savent pertinemment que, géologiquement parlant, il s'agit là d'une des régions les plus stables de la planète.

Les glaciers y ont cependant fait leur œuvre en utilisant tout leur poids pour découper des fjords autour du **mont D'Iberville** et, plus près de nous, en sculptant dans le rebord laurentien la spectaculaire entrée du « Royaume », le **fjord du Saguenay**. Ils ont aussi laissé leur empreinte dans des vallées qu'ils ont gratifiées de formes qui constituent leur signature : la forme en U, si caractéristique des vallées glaciaires. La **vallée de la Jacques-Cartier** en est un éloquent exemple.

Là où elle est très rigide, la croûte terrestre se fendille parfois et ses crevasses donnent aux rivières qui les empruntent des parcours tourmentés où angles droits, rapides et chutes se succèdent. Les **chutes Coulonge** sont de ces lieux dont l'homme a adapté la configuration naturelle à ses projets. Cela dit, les forces internes de la Terre ont aussi agi en sourdine, loin sous la surface terrestre. L'homme est allé à la rencontre de son œuvre. Il s'est fait mineur et y a trouvé ce précieux métal qui fait tourner autant les têtes que l'économie. Des vestiges de surface nous rappellent ce qui fut une éphémère épopée : la **Cité de l'or.**

« Terre de Caïn » ou « quelques arpents de neige », voilà comment les Européens, habitués à des terres humanisées depuis des millénaires, ont vu cette contrée nordique qui leur a fait peur. Et pourtant, le Nord n'est pas toujours le Nord et le Sud se rappelle souvent le Nord. Voyez les **Grands Jardins de Normandin**, un presque Villandry sous haute latitude. Voyez aussi le **mont du Lac des Cygnes**, un rappel de la toundra à nos portes.

Mais il est vrai que le mystère flotte sur cette vaste contrée qui se perd dans l'obscurité des longs hivers et qui jouit de l'insomnie estivale. L'âme des autochtones qui, depuis des siècles, ont fréquenté ces régions y rôde sans doute encore. Certains ont cru les voir animer les arbres de la **Forêt enchantée**. Qui sait…

Huit sites sont proposés pour vous faire sentir les vibrations d'une terre que certains croient dure, froide et peu hospitalière. Vous verrez qu'ils se trompent.

Les lords du Conseil privé ont conclu que…

« La frontière entre le Canada et Terre-Neuve dans la péninsule du Labrador trace une ligne [...] vers l'ouest et le nord, le long de la crête faisant le partage des eaux des rivières qui se déversent dans l'océan Atlantique, jusqu'au cap Chidley [...] »

Le mont D'Iberville

Aux confins du Québec

Ce livre est une invitation au voyage et à la découverte. On pourrait donc s'étonner que les auteurs aient pensé inaugurer ce tour du Québec par la présentation d'une région réputée inaccessible. C'est qu'ils ont aussi voulu offrir une portion de rêve. Perdues dans les solitudes nordiques, les hautes cimes des Torngat, – les profondes vallées qui s'y cachent, le silence des grands espaces presque vides, n'étaient-ce les hardes de caribous qui sillonnent cette lointaine région –, ont de quoi alimenter l'imaginaire. Un peu à la manière des découvreurs que les terres nouvelles ont attirés et inspirés, n'est-il pas dans l'ordre des choses d'aborder un pays par ses marges ? Deux fois plus proches du Groenland que de Montréal, voici les Torngat.

Une montagne frontière

Les Torngat : un pays de fjords à la même latitude que la Norvège.

La chaîne des Torngat forme une frontière entre le Québec et Terre-Neuve. Elle impose son impressionnante altitude aux bassins hydrographiques qui, de ce fait, s'écoulent, pour certains, vers l'Atlantique et, pour d'autres, vers l'intérieur, c'est-à-dire vers le bassin de la baie d'Ungava. Elle exerce ainsi depuis des temps géologiques un jugement de Salomon qui a été repris par le Conseil privé de Londres lorsque, en 1927, son comité judiciaire déclara que la côte du Labrador, qui avait précédemment été reconnue à Terre-Neuve, comprenait tout le bassin atlantique. Depuis lors, la ligne de partage des eaux, dont le mont D'Iberville est le point le plus élevé, constitue la frontière entre le Québec et Terre-Neuve.

Au Nouveau-Québec, les caribous sont 50 fois plus nombreux que les humains.

Le toit du Labrador

Fort de ses 1652 m d'altitude, le mont D'Iberville peut prétendre au titre de sommet du Labrador, car la ligne de partage des eaux qui sépare la côte du Labrador du Labrador intérieur passe précisément par ce sommet qui, dans la nomenclature terre-neuvienne, prend le nom de *mount Caubvick.* C'est ainsi que la même montagne, vue du Québec, honore un explorateur et, vue de la province voisine, un des compagnons inuits d'un marchand anglais.

Au Québec, le plus proche concurrent du mont D'Iberville est le mont Jacques-Cartier, qu'il dépasse de quelque 400 m et qui présente un profil fort différent. Alors que le premier pointe vers le ciel des arêtes bien acérées à la manière des Alpes européennes, le second constitue pratiquement un haut plateau. Moins accessible que la vingtaine de sommets du Québec qui dépassent les 1000 m d'altitude, le mont D'Iberville devrait pourtant attirer les voyageurs audacieux avides de paysages spectaculaires.

L'empreinte des glaciers

Le cycle de gel-dégel poursuit le travail des glaciers pour l'élaboration du relief ; les talus d'éboulis en témoignent.

Il y a environ 12 000 ans, un glacier continental recouvrait la totalité du Québec. Il a gravé des marques un peu partout sur le territoire. Au plus fort de son travail d'érosion, il a laissé des témoins de toutes sortes : roches striées, verrous, ombilics. Lors de sa fonte et de son retrait, il a abandonné dans le paysage des eskers – de longs remblais de gravier qui s'étirent dans les vallées –, des accumulations de moraines, des deltas suspendus, des terrasses. Mais certaines montagnes, les plus élevées, ont résisté au glacier continental. Des glaciers linéaires se sont alors faits sculpteurs, ont buriné la roche, approfondi les vallées en les taillant en forme d'auges et ont légué aux humains ces paysages spectaculaires des fjords et des grandes vallées glaciaires qui découpent les Torngat. Aujourd'hui, elles comptent parmi les plus belles formes glaciaires au Canada. Faut-il ajouter que le climat, qui y interdit toute végétation de quelque importance, a pour ainsi dire épuré le paysage dont on peut de ce fait admirer les contours dans leur absolue netteté ?

Les nuits blanches du Nord

Le Grand Nord québécois est deux fois plus près du cercle polaire que du sud du Québec. Là-haut, juin et juillet bénéficient de journées dont la longueur constitue une admirable complice pour l'observation. Dans ces régions de haute latitude, l'alternance de la saison des nuits blanches et de celle des jours sombres impose au voyageur de choisir l'été pour s'y rendre.

Les chutes de la rivière Barnoin se précipitent dans une profonde fracture du bouclier.

Une fois rendu...

Personne ne se rendra voir le mont D'Iberville seulement pour photographier le plus haut sommet du Québec. On profitera du voyage pour survoler d'impressionnantes vallées en auge, des **fjords**, nombreux sur la côte du Labrador, des cirques glaciaires, des chutes qui se précipitent dans des gouffres profonds (comme les **chutes de la rivière Barnoin**) et des falaises qui composent ces paysages d'une grandeur surhumaine. Et pourquoi ne pas faire un petit détour vers l'ouest, un millier de kilomètres à peine, pour aller survoler le **cratère du Nouveau-Québec**, que la mythologie inuite attribuait aux forces souterraines et dont les astronomes expliquent la présence et la forme par l'impact d'un météorite.

Comment s'y rendre?

Un service aérien régulier relie Montréal à **Kuujjuaq.** De là, on peut noliser un avion ou un hydravion pour survoler les Torngat. Chaque année, un rallye aérien est organisé, au départ de Schefferville ou de Roberval, pour aller survoler les régions québécoises de haute latitude. Si vous avez un ami pilote, profitez-en. Sinon, des pourvoiries pourront vous accueillir pour aller taquiner le saumon ou l'omble de l'Arctique, ou encore observer les caribous qui se comptent par centaines de milliers dans la région de la **rivière George.** Les plus audacieux s'éloigneront des sentiers battus et iront à la rencontre des ours polaires ou des phoques, nombreux dans la région. Mais la prudence est de mise.

Airs de famille

chez nous

Ceux qui craignent les hautes latitudes opteront sans doute pour le parc régional des Hautes-Gorges-de-la-Rivière-Malbaie ou pour la vallée de la Jacques-Cartier, ce qui est beaucoup plus qu'une consolation, car les formes glaciaires y sont également pures et impressionnantes.

ailleurs

Si vous visitez la Norvège ou le Chili austral, vous aurez une bonne idée de ce que sont les monts Torngat. Et inversement. Dans les trois cas, vous y verrez des fjords, des cirques et des glaciers. Mais, dans les Torngat, vous ne verrez pas de villes...

Pour en savoir plus

Commission d'étude sur l'intégrité du territoire du Québec. *La frontière du Labrador. Rapport des commissaires,* Tranche n° 3, Québec, 1971, 18 volumes.

Un site internet vous renseignera sur un rallye survolant le Québec en hautes latitudes: www.rapidlake.com

Comme ailleurs dans le nord, l'hydrographie s'avère pour le moins hésitante.

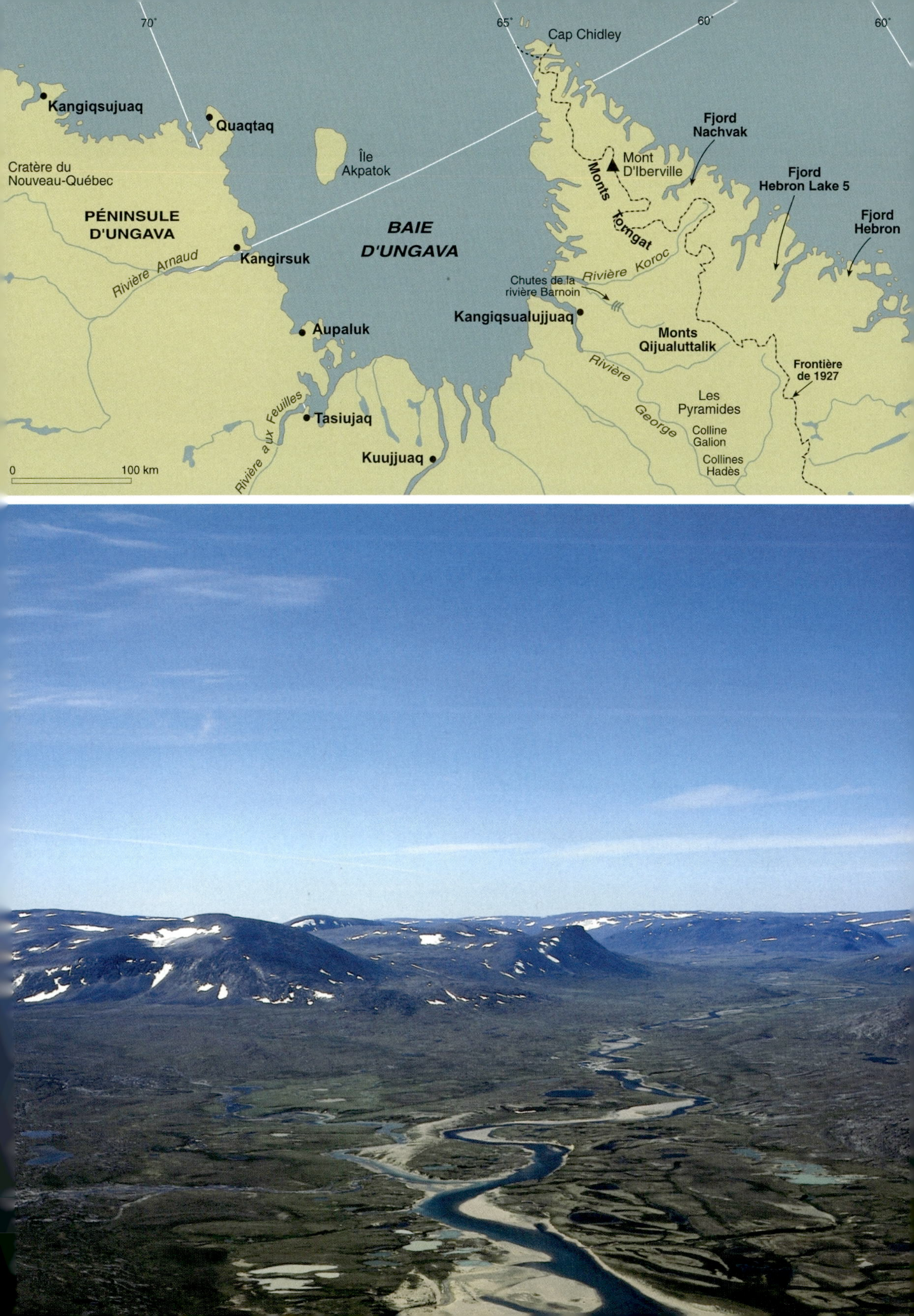

70°
65°
60°
60°
Cap Chidley
Kangiqsujuaq
Quaqtaq
Île
Akpatok
Cratère du
Nouveau-Québec
PÉNINSULE
D'UNGAVA
BAIE
D'UNGAVA
Kangirsuk
Rivière Arnaud
Aupaluk
Tasiujaq
Rivière aux Feuilles
Kuujjuaq
0
100 km
Mont
D'Iberville
Monts Torngat
Fjord
Nachvak
Fjord
Hebron Lake 5
Fjord
Hebron
Rivière Koroc
Chutes de la
rivière Barnoin
Kangiqsualujjuaq
Monts
Qijualuttalik
Rivière George
Les
Pyramides
Colline
Galion
Collines
Hadès
Frontière
de 1927

Au pays de Menaud

« *C'est le pays où l'air est frais comme une source et l'eau, pure comme l'air. [...] Jardins mystérieux ! Retraites inviolées ! où, sur le silence des mousses, sans crainte, le caribou mène la vie limpide des cimes.* »

Félix-Antoine Savard
Menaud, maître-draveur

Le mont du Lac des Cygnes

Le sommet des Grands-Jardins

À coup sûr, le nom de « Lac des Cygnes » évoquera l'incontournable chef-d'œuvre de Tchaïkovski. Il n'y a évidemment aucun rapport, sauf peut-être ce mélange de grâce et de tension qui se dégage à la fois du paysage montagneux des Laurentides charlevoisiennes et du drame élégamment dansé qui oppose cygnes noirs et cygnes blancs. Le belvédère du mont du Lac des Cygnes dévoile un paysage qui, à vrai dire, a quelque chose de musical. Ses reliefs oscillent entre le *fortissimo* des crêtes abruptes et le *pianissimo* des doux vallonnements ; l'alternance de montagnes et de dépressions, de lacs et de ruisseaux lui donne un rythme soutenu ; et que dire de cette vibrante gamme de couleurs qui chante, depuis le vert tendre des feuillus jusqu'au vert foncé des sapinières ? Une symphonie.

L'observatoire des Laurentides

Le sommet du mont du Lac des Cygnes offre un large panorama sur l'arrière-pays de Charlevoix ; c'est la récompense d'une escalade facile.

Cette montagne offre à l'observateur qui se paie l'agréable exercice d'en faire l'ascension la possibilité de traverser verticalement, en quelques centaines de mètres, des paysages végétaux qui, en latitude, exigeraient un parcours de plusieurs centaines de kilomètres. L'étagement vertical des écosystèmes constitue en effet la reproduction fidèle d'une progression régionale qui va de la zone tempérée, au bas de la montagne, jusqu'à la zone subarctique, au sommet.

Le Grand Nord à nos portes

Qui pourrait imaginer qu'il est possible de se retrouver au beau milieu d'un paysage de taïga à une distance d'à peine 100 km de Québec ? Pourtant, c'est le cas. Et l'intérêt de cette étonnante exception géographique, c'est que le mont du Lac des Cygnes, avec ses étages successifs, constitue un résumé des différents écosystèmes qu'offre le **parc national des Grands-Jardins.**

Le **piedmont,** à l'entrée sud du parc, située au « pied du mont », constitue la limite de la sapinière à bouleau jaune. Dès lors, on découvre des **contreforts** composés d'un relief assez violent coiffé de bouleaux blancs et, comme dans le **plateau central** qui constitue le cœur du parc, d'épinettes noires. En approchant du sommet, dénudé comme les espaces nordiques, on a une bonne idée de ce qui caractérise les terres subarctiques ; ce sera le pendant du **haut plateau** qui borde le parc du côté ouest, autour du **lac à Jack,** là où se trouve une sapinière typique de la taïga nordique.

Ceux qui craignent l'alpinisme, même rendu facile, devront au moins faire la promenade entre le **lac Arthabaska** et le **château Belmont** pour découvrir les couleurs du tapis de sphaigne, de kalmia et de mousse dont la diversité offre une éloquente justification au nom du parc national des Grands-Jardins.

Monts et vallonnements composent un paysage où, à large échelle, domine l'horizontalité.

Des pensionnaires venus du Nord

Le caribou est un animal sociable; prenons-en pour preuve son cousin de Sibérie, le renne, qui est pratiquement domestiqué. Quand vous camperez dans le parc national des Grands-Jardins, vous aurez sans doute la chance de voir un ou deux de ces sympathiques cervidés venir renifler vos restes de table. Que font-ils là ? Eh bien, on les y a ramenés après les en avoir chassés. Au début du xxe siècle, ils étaient environ 10 000 à rôder dans les parages. Trente ans plus tard, une chasse excessive et incontrôlée avait totalement décimé la population des caribous. À la fin des années soixante, on a décidé d'en réimplanter un troupeau dans la région. Cette harde, qui compte maintenant une centaine de têtes, est aujourd'hui à peu près stabilisée.

Quant aux orignaux, on n'a pas eu besoin d'en repeupler la région, car ils s'y sont toujours trouvés chez eux. Mais ce n'est pas l'endroit pour les chasser; contentez-vous de les observer.

Une belle responsabilité

Le parc des Grands-Jardins a été admis en 1989 dans la confrérie fort recherchée des sites de réserve de la biosphère de l'UNESCO. Cette reconnaissance a le redoutable avantage d'inclure d'importantes responsabilités, comme celle d'assurer à la fois une exploitation rationnelle des ressources et la conservation de l'équilibre écologique, ce qui n'est pas rien. Cette responsabilité est appuyée par un fort encouragement à la recherche sur les ressources de la région ainsi que sur les conditions de leur préservation et de leur mise en valeur. Le défi principal est de répondre à ces exigences scientifiques tout en assurant l'accès le plus large possible à ces lieux privilégiés. L'objectif est simple: fréquenter et apprendre sans polluer ni dégrader.

Et autour . . .

Le parc des Grands-Jardins est situé immédiatement au nord d'un phénomène dont les dimensions temporelles et spatiales sont à une échelle surhumaine. Un jour, il y a très longtemps, avant même l'apparition de l'*Homo sapiens,* un météorite a semble-t-il frappé la région et formé ce que l'on appelle un *astroblème*. Au point d'impact, le choc du météorite a façonné un relief dont on peut reconnaître les contours dans les dépressions qui cernent le massif de Saint-Hilarion. Nous en parlons au site des Éboulements.

Comment s'y rendre ?

L'accès habituel pour aborder le parc des Grands-Jardins passe par la vallée du Gouffre. C'est le trajet du « petit parc » qui, depuis Baie-Saint-Paul en passant par Saint-Urbain, permet d'atteindre le Saguenay par une route qui se faufile dans un relief tourmenté et boisé. À quelques kilomètres au nord de Saint-Urbain, le mont du Lac des Cygnes impose sa masse rocheuse en guise de bienvenue au parc.

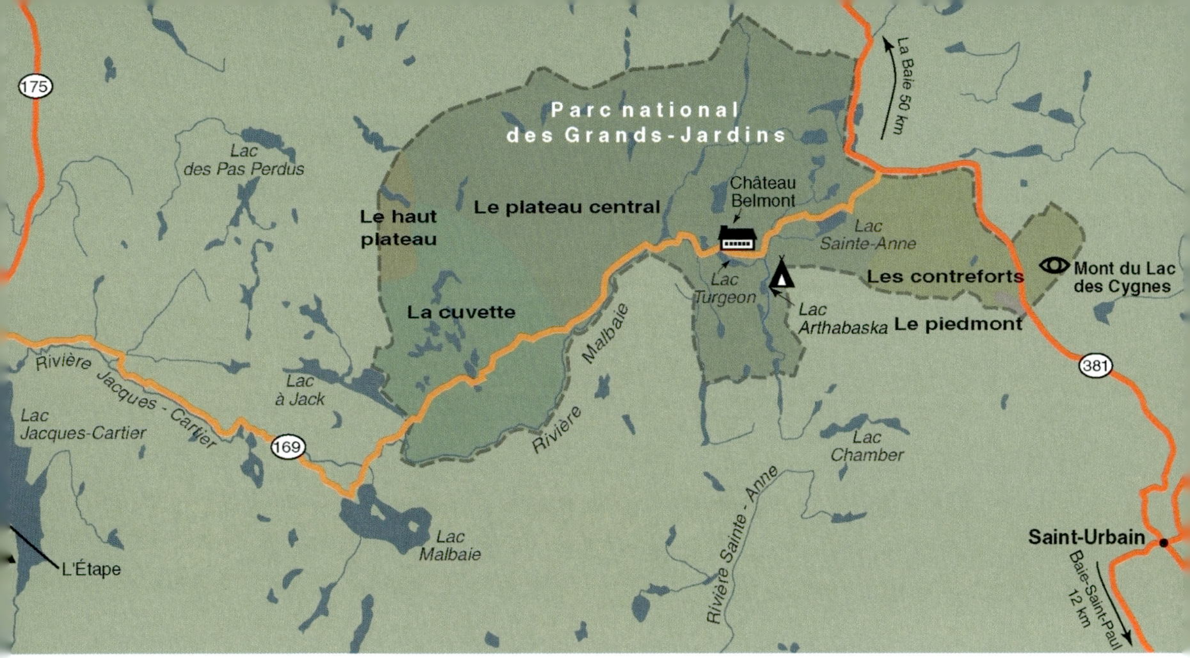

Ceux qui désirent apprivoiser la forêt laurentienne avant d'aborder les Grands-Jardins pourront y parvenir à partir de la réserve faunique des Laurentides. Immédiatement au nord du **lac Jacques-Cartier,** il faut quitter la route principale en pointant vers l'est et, par une route assez bonne qui frôle le lac à Jack, on finit par y arriver. C'est plus long, mais plus « authentiquement forestier ». Au sortir du parc, de la route principale qui se dirige vers le sud, on découvre le mont du Lac des Cygnes.

Airs de famille

chez nous

À une échelle plus modeste, le mont Saint-Hilaire, une autre réserve de la biosphère, a lui aussi un lac à son sommet, de même que des belvédères qui offrent un vaste panorama de la plaine de Montréal et, par beau temps, une vue sur l'horizon montueux des Laurentides.

ailleurs

Les lacs perchés au sommet d'une montagne sont souvent lovés au fond de cratères volcaniques. C'est le cas du lac Coatepeque, au Salvador, mais pas celui du Lac des Cygnes, bien évidemment. On peut néanmoins souligner l'analogie des situations.

Pour en savoir plus

FORTIN, Eudore (dir.). *L'autre nature de Charlevoix. Guide écotouristique de la traversée et de l'arrière-pays,* Wendake, Éditions Quatre Saisons, 1999, 204 pages.

SAVARD, Félix-Antoine. *Menaud, maître-draveur,* Montréal, Fides, 1959, 133 pages.

Là où il n'y avait que forêt...

« Quand nous avons pris notre première terre à Normandin, nous avions deux vaches et pas gros de pacage, car presque tout ce lot-là était encore en bois debout, et difficile à faire. Moi j'ai pris ma hache et puis je lui ai dit : *Je vais faire de la terre, Laura !* »

Louis Hémon
Maria Chapdelaine

Les Grands Jardins de Normandin

Un jardin boréal

Les Écritures nous disent qu'à l'origine du monde florissait un jardin d'Éden. Au bout du monde, à l'échelle du Québec, à Normandin, un des derniers villages au nord du lac Saint-Jean, se déploie, sur 50 ha, un des plus beaux jardins du Canada. Un des plus surprenants aussi, car à une latitude où la forêt boréale impose son omniprésente et froide couverture, on ne s'attend pas à rencontrer un aménagement végétal qui prend des airs de Versailles. Aurait-on voulu faire mentir le climat nordique en installant de grands jardins dans la plaine agricole de Normandin qui cerne le grand lac ?

Des fleurs et des légumes

Où les légumes sont aussi beaux que bons.

Les jardins royaux et les jardins paysans n'ont en général de commun que le nom. À **Normandin,** ils font bon ménage physiquement, si l'on peut dire, car il s'agit d'un mariage où l'œil et l'odorat se conjuguent harmonieusement tout en rappelant que, dans leur finalité, ils s'adressent également au goût alimentaire.

Parmi les différents espaces qui composent l'œuvre des Grands Jardins de Normandin, celui qui occupe la plus grande superficie est le Potager décoratif, savante démonstration de la complémentarité naturelle entre l'utile et l'agréable. Au chapitre de l'utilité, félicitez ces fleurs qui servent à protéger des insectes nuisibles les légumes plantés à proximité. Quant à l'agréable spectacle qu'offre la symphonie de couleurs, de formes et de volumes de l'ensemble, il n'a rien à envier aux plus célèbres jardins du Québec. Cette réussite s'explique aisément, car le modèle en a été les Jardins de Villandry, en France, qui font l'orgueil du château du même nom depuis bientôt cinq siècles.

Le tour du lac... puis du monde

Lorsque le visiteur aborde le bel ordre géométrique des jardins, il remonte une bien nommée Grande Allée et passe en revue une véritable haie d'honneur constituée de massifs floraux aux couleurs des armoiries d'une soixantaine de villes et villages qui entourent le lac Saint-Jean jusqu'au Saguenay.

Ce tour d'horizon géographique est le prélude à un tour du monde particulier. D'abord, une remontée dans le temps qui révèle les étapes successives du développement de l'art des jardins : les jardins anciens du Moyen-Orient, ceux de l'époque des Francs, la belle géométrie des parterres français classiques et les aménagements naturels propres aux jardins anglais. Cette promenade aura aussi permis d'évoquer un tapis d'Orient, un parterre de Versailles, un potager de simples (ces herbes médicinales que Cocteau a célébrées à Milly-la-Forêt) et les Jardins de Villandry, qui ont inspiré le point fort du site, le Potager décoratif.

Où l'oreille n'est pas jalouse de l'œil.

Un temple floral

Vus des airs, les Grands Jardins de Normandin évoquent la forme d'une église. Dès l'entrée, une longue nef mène au chœur qui accueille plus de 6 000 ouailles potagères. Dans l'abside, que l'art religieux oriente généralement vers l'est, on a déroulé un tapis d'Orient. Le jardin à l'anglaise et l'arboretum, comme il se doit, sont, quant à eux, en dehors de l'église.

L'égalité même dans l'au-delà

En franchissant le court kilomètre qui sépare les Grands Jardins de l'église de Normandin, vous passerez devant un petit **cimetière** qui vous étonnera par sa régularité à tous égards : les monuments sont à la fois modestes et semblables. Mais ne croyez pas qu'une guerre ou une terrible épidémie a décimé la population d'un seul coup, sachant que c'est cela qui explique la parfaite géométrie des cimetières militaires. La raison de cette uniformité réside plutôt dans un vœu de la direction qui a estimé que, dans la mort comme dans la vie, les humains doivent être égaux. C'est là un des rares exemples au Québec de ce souci de justice appliqué aux défunts.

Une des portes du Nord

Dès l'entrée se déploie un arc-en-ciel complet de couleurs.

À une dizaine de kilomètres au sud-ouest de Normandin gronde une chute dont les eaux en ont beaucoup à raconter. C'est la **chute à l'Ours,** la dernière d'une série de cascades qui font de la rivière **Ashuapmushuan** un parcours à obstacles que n'ont pas hésité à braver les hardis découvreurs du haut pays. Rappelons à cet égard que, dès 1647, le père Jean Dequen découvrait le lac Saint-Jean et que, après quelques tentatives infructueuses de divers explorateurs, le père Albanel, grâce à un groupe d'Amérindiens et à leur connaissance des lieux, réussit en 1671 à se rendre à la baie d'Hudson. La rivière Ashuapmushuan était ainsi reconnue comme une des portes du Nord, une dizaine d'années après le passage du père Dablon, qui avait en quelque sorte indiqué la voie. La route des fourrures était dès lors ouverte.

L'Ashuapmushuan est une voie d'eau de grandes dimensions. Elle prend sa source à quelque 200 km au nord du lac Saint-Jean et dévale, avec la force sauvage des rivières du bouclier canadien, les caprices verticaux de ce pays rocailleux fait de failles, d'escarpements, de verrous et de canyons. Son bassin a une superficie de près de 16 000 km^2 ; tout un pays ! Important aussi est son débit, puisqu'elle fournit près du quart de l'eau qu'une cinquantaine de rivières apportent au lac Saint-Jean, les deux plus importantes étant la Mistassini et la Péribonka. Le dernier quart de son trajet lui offre une pause bien méritée. Au gré de ses méandres, elle se faufile alors à fleur de plaine entre îles et marais, offrant à la sauvagine un environnement qui lui convient.

Un tapis végétal aussi dessiné qu'un tapis de Turquie.

Un vivier naturel

L'Ashuapmushuan est aussi une pépinière de ouananiches. Plus des trois quarts de toute la production de ce délicieux salmonidé proviennent de l'Ashuapmushuan, qu'il a choisi comme son lieu de reproduction privilégié. Pépinière de ouananiches, symbole du lac oblige, mais aussi de nombreuses autres espèces qui font le plaisir des pêcheurs et des gourmets. Doré, perchaude, brochet, lotte et même éperlan sont aussi des résidents de ces eaux vives.

Il n'y a pas que les eaux qui soient riches en faune. Notre emblématique orignal y fait aussi bonne figure. La toponymie est d'ailleurs là pour nous le rappeler : le mot innu *Ashuapmushuan* signifie précisément « lieu où il y a de l'orignal ». L'administration publique a saisi la leçon ; on y a créé la réserve faunique Ashuapmushuan qui s'étend sur une longueur de 150 km le long de la Route 167 qui mène à Chibougamau.

Les vigoureuses chutes à l'Ours n'ont pas arrêté les explorateurs tout aussi vigoureux qui ouvraient la route vers la baie d'Hudson.

Comment s'y rendre ?

En faisant le tour du lac Saint-Jean en automobile ou à vélo, on ne peut manquer Normandin et ses Grands Jardins. Et puis la chute à l'Ours n'est pas bien loin.

Airs de famille

chez nous

Au Québec, les jardins publics sont nombreux. Il existe même une Association des jardins du Québec. Parmi ceux-ci, les Jardins de Métis constituent une étape incontournable du traditionnel tour de la Gaspésie.

ailleurs

Pour remonter à la source, on peut visiter les Jardins du château de Villandry, un rendez-vous avec l'histoire des jardins en même temps qu'avec l'histoire de France.

Pour en savoir plus

L'Association des jardins du Québec a publié une série de livres-guides illustrés décrivant les principaux jardins publics du Québec.

La rivière Jacques-Cartier

La toponymie du Québec n'est pas avare de ses hommages au découvreur du Canada : issue du lac Jacques-Cartier, la rivière Jacques-Cartier, au creux de la vallée de la Jacques-Cartier, dans le parc national de la Jacques-Cartier, se jette dans le Saint-Laurent à la hauteur du village de Jacques-Cartier.

La vallée de la Jacques-Cartier

Une rivière qui vient de loin

Le cours d'eau que Champlain baptisa « rivière des esturgeons & saulmons » avait reçu bien d'autres noms avant que Jacques Cartier lui lègue le sien. Si l'on en croit ce qu'écrivait l'arpenteur John Adams en 1829, les Hurons-Wendat appelaient cette rivière *Lahdaweoole*, ce qui pourrait signifier « qui vient de loin ». En fait, ses 177 km de longueur ne la rangent pas parmi les plus longues rivières du Québec, tant s'en faut.

Mais l'éloignement est une notion aussi qualitative que quantitative. À cet égard, la Jacques-Cartier peut se réclamer d'appartenances lointaines que révèle la grande variété des paysages qu'elle traverse. À voir les paresseuses hésitations de ses méandres d'aval ou à entendre le murmure de ses modestes dénivellations à peine plus en amont, on peut difficilement imaginer qu'à mi-hauteur de son parcours elle coule au fond d'une auge glaciaire qui constitue l'une des plus magistrales vallées du Québec avant d'entreprendre le saut de tumultueux rapides. La Jacques-Cartier est une rivière plurielle dont les ressources sont à l'avenant.

Une rivière plurielle

La Haute-Jacques-Cartier emprunte une magistrale vallée glaciaire creusée dans le bouclier…

Entre le **lac Jacques-Cartier** où elle prend sa source et le Saint-Laurent qu'elle rejoint après avoir perdu plus de 700 m d'altitude, la rivière se faufile et se prélasse successivement entre de hautes parois rocheuses et des champs en culture, entre un couvert forestier très dense et des espaces ouverts où l'occupation humaine prend d'ailleurs plusieurs formes, depuis la villégiature jusqu'à l'implantation industrielle.

Les différents profils de la vallée révèlent la variété des rapports entre les processus d'érosion et la nature de la roche sous-jacente. Le résultat le plus spectaculaire en est sans contredit la haute vallée, surcreusée par le glacier qui y a sculpté un long couloir en U, typique de la morphogénèse glaciaire. Ce segment de la rivière se retrouve dans le parc national où de nombreux sentiers permettent aux promeneurs d'observer, du fond de la **vallée glaciaire** ou du haut de belvédères en nids d'aigle, toute une série de phénomènes géomorphologiques : épaulements, replats, verrous, vallées suspendues, blocs erratiques, etc. Le centre d'interprétation vous donnera de précieuses informations sur ces phénomènes.

Après avoir suivi une vallée successivement resserrée dans les fissures du bouclier canadien ou à fleur de calmes bassins intérieurs, après avoir traversé des paysages où alternent **rapides** et segments méandrés, la rivière se découvre, en fin de parcours, une nouvelle vocation : pour enjoliver sa sortie vers le grand fleuve, elle se sculpte des **canyons** dans les roches sédimentaires qu'on peut observer à Pont-Rouge de même que depuis l'autoroute Félix-Leclerc lorsque celle-ci enjambe la rivière.

Polymorphe sur le plan physique, la Jacques-Cartier l'est également sur le plan humain. Le pays intérieur, longtemps domaine amérindien, est encore fréquenté par les Hurons-Wendat. À la marge du bouclier, la toponymie témoigne éloquemment du peuplement anglo-irlandais à l'origine de villages comme **Shannon, Tewkesbury,** Stoneham. Une fois dans la plaine du Saint-Laurent, la Jacques-Cartier se retrouve en pays franco-canadien. À tous égards, il s'agit d'une rivière plurielle.

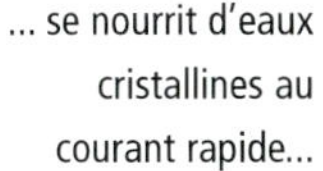
… se nourrit d'eaux cristallines au courant rapide…

Une rivière ressource

Champlain tenait des autochtones que la rivière était riche en poisson. Elle était pour eux à la fois une ressource alimentaire et une voie de pénétration vers l'arrière-pays. Cette double utilisation s'est d'ailleurs perpétuée chez les eurogènes sous la forme d'activités sportives : chasse, pêche, canotage et rafting font partie d'un menu récréatif aujourd'hui bien réglementé.

La ressource forestière y a aussi connu des heures de prospérité. La drave, avec son folklore de « glanage de pitoune », a longtemps animé la Jacques-Cartier et alimenté l'**usine de pâtes et papiers** de Donnacona, qui lui a survécu.

On connaît l'énorme potentiel énergétique que représentent les rivières du Québec, surtout les affluents de la rive nord du Saint-Laurent. La Jacques-Cartier ne fait pas exception. Mais le développement de ce potentiel doit s'harmoniser avec l'équilibre environnemental. C'est dans ce contexte que le projet d'installer un barrage sur la Jacques-Cartier dans la réserve faunique des Laurentides a été bloqué en 1973. Il reste que la rivière a déjà prouvé son utilité comme source d'énergie : en 1870, on y a construit un moulin où, durant 40 ans, les agriculteurs de la région sont venus faire moudre leur grain. Le moulin Marcoux, un vestige de l'histoire industrielle de la région, est aujourd'hui un centre d'activités culturelles.

Une rivière obstacle

... pour ensuite aborder une zone de roches sédimentaires...

Les constructions naturelles entrent parfois en conflit avec les constructions humaines. Ainsi, la Jacques-Cartier a longtemps imposé au chemin du Roi un détour qui l'éloignait d'une bonne dizaine de kilomètres des bords du fleuve pour aller profiter du premier pont à enjamber la rivière, à **Pont-Rouge**. Quelques années après sa construction en 1791, la rénovation du pont a été remboursée grâce à un mode de financement original. Ainsi naquit le premier pont à péage au pays. Pendant un siècle, la famille Déry y a effectué la perception des droits de passage. Entrez dans la **maison Déry** qui contient d'intéressantes réminiscences historiques de cet épisode.

Parfois, c'est au contraire l'homme qui impose des contraintes à la nature. La construction d'une centrale hydroélectrique sur la basse Jacques-Cartier aurait interdit au saumon l'accès à ses frayères si l'on n'avait pas installé une passe migratoire à Cap-Santé, où s'effectue le tri des saumons : les géniteurs produisent les œufs pour ensemencer la rivière, les autres poursuivent leur montaison. Nature et technique s'y conjuguent pour tirer parti des ressources de la Jacques-Cartier.

Depuis toujours, ce que l'homme perçoit comme un obstacle dans la nature devient pour lui un défi à relever. Pour ce faire, il invente, sur le mode technique, des œuvres de génie ou, sur le mode ludique, des sports dont il mesure l'intérêt au danger qu'ils représentent et à la quantité d'adrénaline qu'ils lui font sécréter. Rien d'étonnant à ce que les rapides de la Jacques-Cartier accueillent de nombreux adeptes du rafting, à la hauteur de Tewkesbury.

... où elle se creuse un canyon.

Comment s'y rendre?

Des nombreuses routes qui longent ou croisent la rivière Jacques-Cartier, aucune ne la suit de bout en bout. Il faut emprunter l'une ou l'autre des bretelles, ce qui permet d'apprécier la grande variété des paysages. Canot, kayak et rafting de même que la marche en montagne complètent les modes d'accès aux beautés de la Jacques-Cartier.

Airs de famille

chez nous

Les Hautes-Gorges-de-la-rivière-Malbaie offrent des paysages analogues à ceux de la haute Jacques-Cartier.

ailleurs

La vallée de la Nahanni-Sud, dans les Territoires du Nord-Ouest, offre le spectacle d'une série de gorges, de canyons et de chutes qui en font une sœur aînée de la Jacques-Cartier.

Pour en savoir plus

PELLETIER, Hervé et Louis-René DUBÉ. *Étude préliminaire d'aménagement récréatif de la vallée de la Jacques-Cartier,* Thèse de baccalauréat, Université Laval, Faculté de foresterie et géodésie, 1979, 100 pages. (À consulter à la bibliothèque de l'Université Laval.)

Entre les couches de roches sédimentaires suintent des larmes que fige le froid.

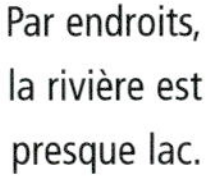

Par endroits, la rivière est presque lac.

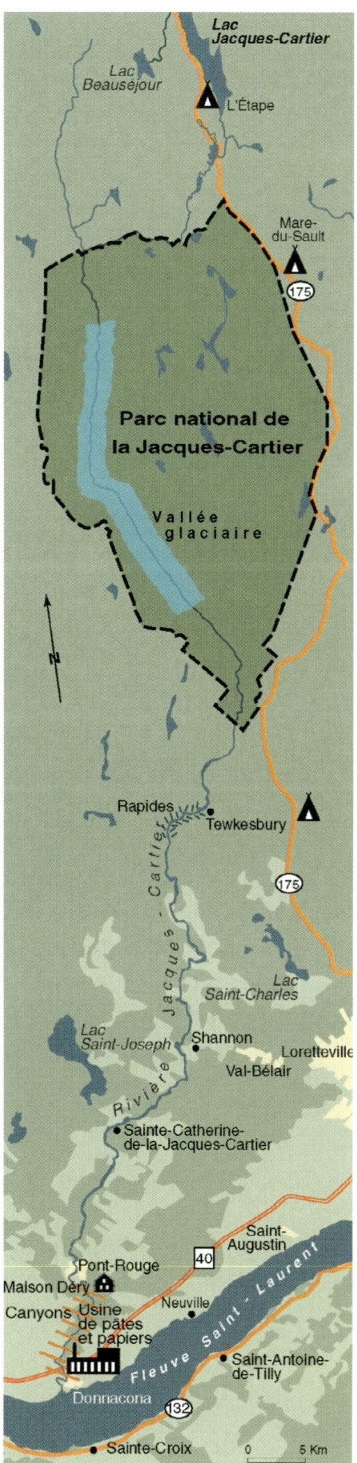

Devant le cap Éternité

« Ô baie Éternité, j'aime tes sombres flots !

Ton insondable lit s'enfonce entre des rives

Dont les rochers dressés en cimes convulsives

Gardent tragiquement l'empreinte du chaos. »

Charles Gill
Aurore

Le fjord du Saguenay

Une Norvège québécoise

Le glacier continental qui a recouvert une partie de l'hémisphère Nord il y a quelques dizaines de milliers d'années a laissé des traces similaires à celles que produisent aujourd'hui encore les glaciers des grandes vallées andines et des hauts plateaux scandinaves. Cela explique que, quand on parle de fjords, ces profondes vallées en forme de U parfois envahies par la mer et parfois asséchées par suite du retrait des eaux de fonte des glaciers, on pense à la Norvège ou au Chili. Mais le Québec a son fjord. Et ici, qui dit « fjord » dit « Saguenay ».

Un sculpteur titanesque

Quelques rares et courtes rivières se hâtent vers le fjord.

Les ouvriers à qui le Tout-Puissant a confié la tâche de sculpter la surface de la terre ont hérité de sa puissance. Munis de la froide patience de leur Maître, les glaciers ont mis quelques milliers d'années à creuser et surcreuser les vallées que d'autres agents moins puissants, comme les rivières, la pluie, le gel et le vent, avaient tracées avant eux. Le Grand Maître leur donna un mandat bien précis, il y a de cela quelques millénaires: « Le pays qu'on appellera un jour la "Terre de Caïn" mérite lui aussi une allée royale, spectaculaire, protégée par des sentinelles qui touchent le ciel, ou presque. Je vous confie sa construction. Utilisez tout votre poids pour y creuser une entaille profonde, flanquée de sentinelles rocheuses qui feront office de gardes d'honneur à l'entrée d'un royaume. » Cela fut fait, et bien fait. Et quand la Terre se réchauffa, satisfaite du travail accompli sur son épiderme, les glaciers se mirent à fondre et les masses d'eau ainsi libérées envahirent ce qu'ils avaient creusé près de la mer. Ainsi naquit le fjord du Saguenay.

La porte du royaume

En 1534, en arrivant à **Tadoussac,** Jacques Cartier découvre le Saguenay. À peu près un siècle plus tard, le père Jean Dequen s'exclame devant la **baie des Ha ! Ha !** et remonte la rivière pour découvrir au bout le lac Saint-Jean. Il faut attendre un autre siècle pour qu'un groupe de défricheurs de Charlevoix ouvre la région à la colonisation. Fourrures, forêt puis agriculture mèneront désormais la région à la prospérité. L'industrie suivra. Le nom de « royaume » pour désigner cette oasis humaine au cœur du rocailleux bouclier canadien prend dès lors tout son sens.

Où la démesure rejoint la beauté

On dit parfois que les paysages tirent leur qualité et leur intérêt de l'harmonie de leurs éléments plus que de leurs dimensions. En général, c'est vrai. Il y a toutefois des exceptions, et le fjord en est une. Le Saguenay est un des plus longs fjords du monde et sa profondeur dépasse celle de tous les autres affluents du Saint-Laurent. Les falaises qui le bordent sont parmi les plus hautes du pays. Son courant est l'un des plus puissants qui soient au Québec, à part, bien sûr, celui des chutes et des rapides. Là où elles se mêlent au Saint-Laurent, ses eaux accueillent la plus large gamme de cétacés, dont le rorqual bleu, le plus gros des mammifères marins. Ainsi, tout au long du Saguenay, charme et grandeur vont de pair.

On peut ici parler de beauté sauvage. L'eau du fjord est dangereusement froide toute l'année. Vents, courants, marées, clapotis et ressacs peuvent mettre à l'épreuve les pagayeurs imprudents. La brume peut aussi envelopper subitement dans un mystère opaque ce qui, peu avant, miroitait au soleil.

L'Anse-Saint-Jean : une touche de douceur dans les abords sauvages du fjord.

Terre et mer sous haute surveillance

La majesté et la puissance qui se dégagent des fiers paysages du Saguenay n'expriment pas d'emblée la fragilité de certains de ses éléments qui pourtant en constituent la richesse et l'intérêt. La flore et la faune, directement et indirectement menacées par la surexploitation, la pollution ou autres interventions humaines intempestives, font l'objet d'une attention particulière chez les écologistes qui se sont intéressés à la protection du milieu tant aquatique que terrestre.

Pour s'assurer que bélugas et rorquals offrent encore longtemps leur spectacle aquatique et que le couvert forestier conserve sa diversité et son intégrité, les gouvernements fédéral et provincial ont conclu une entente pour gérer, selon leur juridiction respective, ce conservatoire naturel incomparable. Le **parc national du Saguenay** pour la partie terrestre et le **parc marin du Saguenay – Saint-Laurent** pour la partie fluviale permettent des activités d'animation et des programmes de recherche dans divers domaines : ornithologie, icthyologie, géomorphologie, archéologie, etc. Plusieurs centres d'interprétation rendent accessible la connaissance scientifique relative à la nature de cette région.

Et autour . . .

En approchant du fjord, vous aurez forcément déjà apprivoisé les alentours. À une certaine distance du Saguenay, deux routes, l'une au nord et l'autre au sud, longent aveuglément le fjord ; il vaut donc la peine, chaque fois que se présente une route secondaire, de s'y aventurer. Le terminus de chacun de ces chemins vous récompensera par de splendides échappées sur le majestueux Saguenay. Le sympathique village de **L'Anse-Saint-Jean** offre l'avantage de pouvoir admirer le fjord à fleur d'eau autant que du haut d'un belvédère en nid d'aigle. De **Saint-Basile-de-Tableau,** on découvre, de l'autre côté de la rivière, un étonnant pan rocheux lisse comme un tableau noir. Soit dit en passant, la Route 172, côté nord, suit la **rivière Sainte-Marguerite** ponctuée d'une soixantaine de fosses à saumon.

De chaque côté du fjord, plus de 100 km de sentiers pédestres bien balisés traversent des paysages différenciés qui révèlent toute la variété de la morphologie de la région. Parmi la dizaine de parcours proposés, certains demandent trois jours de marche, d'autres, à peine deux heures.

L'un d'eux pose une question un tantinet impertinente : le culte à la Vierge Marie et à la sainte Trinité est-il un chemin sûr pour aborder l'Éternité ? La toponymie des lieux propose plutôt l'inverse : c'est au départ de Rivière-Éternité que le randonneur, après deux heures de marche, peut aboutir à la célèbre statue de la Vierge qu'un voyageur fit ériger en 1881 pour remercier la mère de Dieu de l'avoir sauvé de la mort. Elle domine le Saguenay sur l'une des trois marches de l'escalier de géant que la nature y a sculpté. Elle donne l'échelle car, malgré sa dizaine de mètres de hauteur, elle paraît lilliputienne vue du fjord. Quant au nom du cap Trinité, on dit que c'est plutôt la morphologie des lieux qui l'a suggéré.

Vers l'amont, les paysages du fjord s'adoucissent.

Grand Lac
Saint-Germain
Lac Laurent
172
Sainte-Rose-
du-Nord
Saint-Basile-
de-Tableau
Caps Liberté,
Égalité, Fraternité
La Grande Anse
Parc marin du Saguenay – Saint-Laurent
Le tableau
Cap Trinité
Cap Éternité
Baie
Éternité
Baie des Ha! Ha!
Rivière Éternité
Parc
national
du Saguenay
Rivière-Éternité
Saguenay
(La Baie)
170
Lac Otis
Saint-Félix-
d'Otis

Lac des Sables
Sainte-Marguerite
Rivière Saguenay
Sacré-Coeur
172
138
N
Anse-de-Roche
Belvédère Hydro-Québec
Anse Saint-Jean
L'Anse-Saint-Jean
Petit-Saguenay
Petit Saguenay
170
Tadoussac
Traversier
Baie-Sainte-Catherine
FLEUVE SAINT-LAURENT
0
10 kilomètres

Quel circuit emprunter ?

Le réseau routier n'accède au fjord que par quelques rares bretelles qui valent cependant toutes le détour. Du côté nord, **Sainte-Rose-du-Nord** mérite son surnom de « perle du fjord » ; de **Saint-Basile-de-Tableau,** on découvre en face le tableau noir qui lui vaut son nom ; avant de plonger vers **Anse-de-Roche,** la route découvre le grand coude du Saguenay ; spectaculaire ! Du côté sud, deux fenêtres s'ouvrent sur le fjord : la **baie Éternité,** où un centre d'interprétation vous attend, et l'**anse Saint-Jean,** où se concilient la sérénité villageoise et la vigoureuse grandeur du fjord. Si vous faites une croisière sur le Saguenay, vous saluerez la Révolution française que rappellent du haut de leurs 300 m les **caps Liberté, Égalité** et **Fraternité.**

Si l'été on observe les grands animaux marins, l'hiver on y pêche les petits.

Airs de famille

chez nous

En survolant les monts Torngat, vous aurez plusieurs fois l'occasion de songer au Saguenay, car là-haut, aux confins du Québec, les fjords sont nombreux.

ailleurs

La Norvège et toute la partie sud du Chili offrent une large variété de fjords longs, profonds, rectilignes ou tourmentés. De quoi imaginer une savante typologie.

Pour en savoir plus

DUMAS, Alain. *Le fjord du Saguenay : merveille du Québec,* Saint-Laurent, Éditions du Trécarré, 1993, 160 pages.

MALTAIS, Bernard. « Le parc marin du Saguenay – Saint-Laurent : écotourisme marin » dans *Téoros,* vol. 14, n° 1, 1995, p. 52-54.

Musique de rivière

« Dans sa tête, y'a des billots
qui flottent
Qu'il échang'rait pour un air
de guitare [...]
Des billots pour le papier
Des billots pour le carton
Des billots pour se chauffer
Des billots pour les maisons
Pas d'billots, pas d'écrivains
Pas de livres, comme de raison
Ça s'rait peut-être aussi ben
Mais peut-être aussi que non. »

Félix Leclerc
La drave

Les chutes Coulonge

Hors des sentiers battus

On ne passe pas par Pontiac; on décide de s'y rendre pour en découvrir les coins qui n'ont pas encore la popularité qu'ils méritent pour le tourisme intérieur. Des chapitres importants de notre histoire y ont été écrits, relatant sur plus de trois siècles des épisodes de la conquête progressive des marges du territoire québécois. Cette région s'insère entre la conurbation Ottawa – Gatineau et le Témiscamingue mais, pour atteindre celui-ci, il faut passer par la province voisine ou faire le grand détour par l'Abitibi. En un sens, Pontiac est donc, au Québec, un bout du monde. Mais comme les autres « extrémités » du Québec – Gaspé, la Basse-Côte-Nord, les Torngat –, tous distants de Fort-Coulonge de plus de 1 000 km, voilà un site qui vaut le détour, comme disent les guides.

Aux portes d'un Eldorado

La maison Bryson, une présence écossaise.

Bout du monde, peut-être, mais aussi terre de contact, car Fort-Coulonge se situe à la limite du bouclier canadien dont la vallée de la **rivière des Outaouais** souligne la bordure méridionale jusqu'à Oka, aux portes de Montréal. Cette situation offre d'appréciables avantages : composé de vieilles montagnes de roches acides supportant une forêt de résineux dont la densité fait la richesse, l'arrière-pays est drainé par un réseau de rivières qui aboutit au Saint-Laurent puis au vaste monde en passant par de grandes villes riveraines. Il n'en fallait pas plus pour que cette région connaisse une prospérité grâce à l'initiative de chevaliers d'industrie qui ont compris ce que la forêt recelait de promesses d'avenir. Bien informés des besoins des clientèles européennes, mus par un indéniable savoir-faire économique, habiles dans l'art rigoureux et parfois dur de rentabiliser le labeur des travailleurs, ils imprimèrent à la région les premiers mouvements de son développement économique.

Grâce à Napoléon Bonaparte

Qui aurait pu penser que l'empereur d'un pays qui avait abandonné le Canada depuis un demi-siècle serait responsable (indirectement, bien sûr) du développement de Pontiac, une région dont il n'avait assurément jamais entendu parler ? C'est pourtant le cas, car les guerres napoléoniennes contribuèrent à priver la Grande-Bretagne de son alimentation en bois pour sa construction navale et l'obligèrent à se tourner vers le Canada dont les ressources forestières étaient connues. Philemon Wright saisit cette opportunité et devint le premier grand exploitant de la forêt outaouaise. Le ministre libéral George Bryson poursuivit cette entreprise en utilisant la **rivière Coulonge** pour acheminer vers la rivière des Outaouais d'importantes quantités de ces énormes pins dont les dimensions et la rectitude en faisaient d'excellents mâts de navires. Et la forêt québécoise se mit à voguer sur les océans…

Le pont Marchand porte élégamment ses 100 ans.

La saga des *raftmen*

Une de ces chutes que le bois flotté devait bien contourner.

La configuration des lieux opposait au projet de Bryson des beautés naturelles dont la splendeur n'avait d'égale que la difficulté à les contourner. Des chutes hautes de près de 50 m suivies d'un étroit canyon constituaient un obstacle de taille. C'était évidemment moins la beauté des lieux que la possibilité de les utiliser qui motivait M. Bryson. Il construisit, pour vaincre la solution de continuité de la rivière, une glissoire de bois de près de 1 km, aujourd'hui malheureusement disparue. Cet ouvrage, que les gens du milieu appelaient une « slouce » ou, plus joliment, une « rivière à pattes », permit aux *raftmen* de diriger, en aval comme en amont, des trains de bois qui firent la fortune de leurs patrons.

L'importance de l'exploitation forestière a fait de la drave une véritable épopée. Elle fut le gagne-pain et le gagne-peine de toute une génération de travailleurs à expérimenter la maxime de Saint-Exupéry : « L'homme se découvre quand il se mesure à l'obstacle. » La chaude voix de Félix Leclerc a gravé dans nos mémoires l'indélébile image du draveur dont le pain quotidien était fait de bouillons de rivière aussi blancs que la crinière d'un cheval blanc, aussi menaçants que les portes de l'enfer.

La mort à longues manches
Vêtue d'écume blanche
Fait rouler billot
Pour que tombe Sylvio
Elle lui lance des perles
Des morceaux d'arc-en-ciel
Pour lui crever les yeux
Et le briser en deux.

Comment mieux dire le périlleux métier de draveur ? Et lorsqu'il chantait « ça commence au fond du lac Brûlé alentour du 8 ou 10 de mai », il évoquait toutes les rivières à drave ; il savait que le Québec compte plus de 100 lacs Brûlé ! Le site des chutes Coulonge, avec ses belvédères, ses sentiers, son centre d'interprétation où des documentaires racontent l'histoire de l'exploitation forestière de la région, est donc un lieu emblématique de l'épopée de la drave.

Fort-Coulonge, la rivière des Outaouais et, au-delà, l'Ontario.

Tout près, des vestiges de prospérité

Le village de Fort-Coulonge est fier d'avoir bien conservé les belles maisons de pierre plus que centenaires que la famille Bryson y a construites. La petite **église** presbytérienne fait aussi bonne figure dans cet ensemble architectural. En vous rendant aux chutes, vous verrez la **maison Bryson,** un exemple exceptionnel de demeure écossaise ; elle est entourée de bâtiments qui constituaient le quartier général de l'entreprise de George Bryson. Le **pont couvert Marchand,** en face, déploie sa longue galerie rouge dont les 130 m en font le deuxième plus long pont couvert du Québec.

La richesse potentielle des lieux avait fait rêver le pouvoir religieux. Comptant en faire le siège d'un évêché, on a construit à **Chapeau**, à une trentaine de kilomètres au nord-ouest de Fort-Coulonge, sur l'île aux Allumettes, une église qui aurait été digne de ce statut. Sa chaire sculptée, ses bas-reliefs, ses vitraux, son orgue Casavant en témoignent éloquemment. C'est à Pembroke, ville ontarienne voisine, que l'évêché fut installé. Et Chapeau bénéficie aujourd'hui d'un magistral prix de consolation.

Encore quelques kilomètres et la rivière Coulonge sera fondue dans la rivière des Outaouais.

Comment s'y rendre ?

De Hull jusqu'à Fort-Coulonge, la Route 148 suit la rivière des Outaouais, mais à respectable distance, de sorte que vous ne la verrez qu'une fois ou deux le long du trajet. Mais plusieurs routes secondaires y mènent.

Airs de famille

chez nous

Le Saint-Maurice est pour plusieurs l'emblématique rivière à drave. Les chansons de Félix, inspirées par sa région d'origine, sont là pour conforter cette idée.

ailleurs

Les draveurs du Québec n'ont sans doute jamais rencontré ceux des Carpates ukrainiennes. Ils ont pourtant, jusqu'au milieu du siècle dernier, pratiqué le même métier, avec les mêmes techniques aussi intrépides qu'acrobatiques.

Pour en savoir plus

Fédération québécoise du canot-camping. *Rivière Coulonge,* Montréal, La Fédération, 1984, 4 pages, 15 cartes.

Guide touristique du Pontiac, Shawville, Pontiac Printshop Ltd., 2003.

Terre de légendes

« L'oiseau s'envola... puis s'en alla docilement à travers la forêt de cèdres. Des cèdres tellement tordus que certains avaient le tronc en spirale jusqu'au sommet. Aucune herbe ne tapissait le fond moussu de la forêt. Seuls quelques rocs argentés gisaient ici et là comme des statues immobiles [...] »

Témisca et la forêt enchantée
Légende amérindienne

La Forêt enchantée

L'antichambre de l'Abitibi

Le « Far-West du Nord », la « Sibérie du Québec » : voilà des surnoms dont on a affublé l'Abitibi – Témiscamingue, qui ne les mérite pas vraiment. Il est vrai que là-bas on est loin de la vallée du Saint-Laurent et que, l'hiver, il y fait froid. Mais n'oublions pas que le lac Témiscamingue se situe à peu près à la même latitude que Québec et que les étés y sont également chauds.

Le Témiscamingue, comme l'Abitibi et, plus à l'est, la cuvette du lac Saint-Jean, constitue une oasis à l'intérieur du bouclier canadien, caractérisé par des sols pratiquement impropres à l'agriculture. À la fin de l'ère glaciaire, la région était occupée par un vaste lac alimenté par la fonte du glacier continental, le lac Barlow-Ojibway, au fond duquel se sont déposés des sédiments qui ont laissé à cette contrée un héritage agricole non négligeable.

À Ville-Marie, la **maison du frère Moffette**, autrefois appelée « la maison du colon », rappelle qu'après l'époque de la traite des fourrures et parallèlement à celle de l'exploitation de la forêt, l'époque de la colonisation agricole a fortement marqué l'histoire de la région, ce qu'illustre aussi le musée de Guérin.

Qui est là ?

Aux abords du long « lac profond ».

Lorsque le soleil descend sur la cédrière du Vieux Fort, il projette l'ombre de ses grands arbres sur la trame du couvert forestier. Et lorsque le vent du lac se lève, les ombres se tordent en un ballet inquiétant. Ces contorsions seraient-elles le résultat de quelque douleur sourde ressentie par la forêt ou du secret désir qu'ont les vieux cèdres de séduire leurs congénères ? Celui qui croit aux esprits sera tenté de lancer : Qui est là ?

Un des génies de la **Forêt enchantée** pourrait répondre que les âmes des Amérindiens, emprisonnées dans le cimetière que recouvre la cédrière, ont vainement tenté de s'en libérer et que leur lutte désespérée en a tordu les troncs. Un autre estimera que certains arbres représentent la droiture des bonnes âmes alors que les contorsions des autres expriment les tourments qui ont tissé l'existence passée de mânes misérables.

On pourrait poser la même question au **lac Témiscamingue** car, comme ses frères du sud, Pohénégamook et Memphrémagog, il a son monstre qui, lui aussi, est d'une grande discrétion : il attend toujours qu'il y ait peu de témoins pour se montrer. Mais qui sait ? Ce pourrait être un superesturgeon. Le lac n'est pas avare de ce poisson qui, lui, n'est pas avare de son caviar. On en produit un de fort bonne qualité à l'usine de Saint-Bruno-de-Guigues.

Le Témiscamingue est aussi un pays agricole.

Le castor, ce fauteur de troubles

À partir du milieu du XVIIe siècle, la fourrure de notre emblématique architecte lacustre, laquelle est fort prisée sur les marchés européens, a fait l'objet de la part des Anglais et des Français de convoitises incessantes qui justifièrent la construction de postes de traite et de forts le long de la route du Témiscamingue. Après deux siècles de fébrilité, la concurrence et le commerce des fourrures s'essoufflent et les activités se diversifient. Les postes de traite deviennent des magasins généraux.

La région acquiert progressivement sa personnalité, façonnée notamment par les coureurs de bois, les commerçants, les contrebandiers, les missionnaires, les bûcherons et les colons agriculteurs. Le **lieu historique national de Fort-Témiscamingue** rend compte de cette épopée par des expositions qui illustrent l'importance historique des lieux : la traite des fourrures et la présence millénaire des Amérindiens dans la région y tiennent une bonne place.

Un fidèle haleur de forêt

Un rappel interprétatif de la fonction commerciale de Fort-Témiscamingue.

Fidèle haleur de forêt, car c'est en effet une forêt entière que le *T. E. Draper* a transportée pendant plus de 40 ans de bons et loyaux services. Aujourd'hui amarré au quai d'**Angliers**, à une cinquantaine de kilomètres au nord-est de Ville-Marie, ce remorqueur a fait glisser des trains de bois à travers le lac des Quinze pour le compte de la Canadian International Paper qui a été, on le sait, fort active dans le pays intérieur compris entre le Témiscamingue et l'Abitibi. Témoin concret de l'épopée de la coupe et du flottage du bois, le *T. E. Draper* a été classé bien culturel en 1979.

Depuis 1972, le ronronnement de son puissant moteur s'est tu, mais son écho résonne encore dans la tête des courageux bûcherons qui alimentaient inlassablement le remorqueur. Plusieurs y ont laissé leur santé et même leur vie. Un groupe de maisons en bois rond, le chantier de Gédéon, a été aménagé tout près, pour rappeler cette valeureuse époque.

Au repos après quatre décennies de loyaux services.

Et autour du Témiscamingue

Le Témiscamingue, c'est tout un pays. Il vaut la peine de le parcourir pour découvrir la variété de ses ressources naturelles et culturelles. À partir de Ville-Marie vers le nord, vous pourrez découvrir : la transformation du poisson à Saint-Bruno-de-Guigues, le souvenir de l'épopée forestière à Angliers, les vestiges de temps géologiques à Notre-Dame-du-Nord (au centre thématique fossilifère), l'épopée de la colonisation agricole à Guérin et, modernité oblige, une démonstration d'écologie à Nédélec.

Entre le lac enchanteur et la Forêt enchantée, les vestiges de Fort-Témiscamingue.

Comment s'y rendre ?

Le toponyme composé « Abitibi – Témiscamingue », consacré pour désigner l'ensemble de ces deux régions, laisse entendre que l'Abitibi est située à l'est du Témiscamingue ou que celui-ci est la région la plus éloignée du centre du Québec. Ce n'est pas le cas. Cependant, pour atteindre le Témiscamingue sans quitter le Québec, il faut d'abord se rendre en Abitibi et obliquer ensuite vers le sud, un trajet de 750 km à partir de Montréal. Le voyageur qui emprunte la rive ontarienne de la rivière des Outaouais fera quelque 75 km de moins.

Airs de famille

chez nous

Le braillard de la rivière Madeleine a longtemps mystifié les Gaspésiens par des gémissements en provenance de la forêt, jusqu'à ce que le curé aille mettre la hache dans la légende… et dans les deux arbres que le vent faisait frotter l'un contre l'autre.

ailleurs

Au centre de la Bretagne, la mystérieuse forêt de Brocéliande arbore aussi ses hêtres tordus et donne à entendre des messages d'un autre monde, lesquels ont attiré et effrayé les chevaliers de la Table ronde du roi Arthur.

Pour en savoir plus

Gourd, Benoît-Beaudry. *Angliers et le remorqueur de bois* T. E. Draper*: l'exploitation forestière et le flottage du bois au Témiscamingue,* Rouyn, 1983, 95 pages.

Riopel, Marc. *Le Témiscamingue : son histoire et ses habitants,* Montréal, Fides, 2002, 366 pages.

Le ventre en or

« Moé j'viens d'l'Abitibi

Moé j'viens d'la Bitt à Tibi

Moé j'viens d'un pays

Qui a un ventre en or

Moé j'viens d'un pays

Oùsque l'poisson mord [...] »

Raoul Duguay

La Bitt à Tibi

La Cité de l'or

La Sibérie du Québec : une comparaison flatteuse

On ne reconnaît généralement pas à l'Abitibi d'attrait touristique susceptible de déplacer des armées de vacanciers. Son surnom de « Sibérie du Québec » ne l'aide peut-être pas, mais on devrait pourtant savoir que la Sibérie, la vraie, est une terre riche, pleine de ressources et de promesses, fière de ses vastes paysages et de son immensité.

Notre Sibérie porte la même bannière, claquant aux vents du Grand Nord qu'elle annonce en même temps que les richesses dont elle est nantie, en surface comme en profondeur.

L'Eldorado québécois

Pour le confort des mineurs, des maisons au goût de l'époque.

Le Grand Manitou a enterré ses trésors aux quatre coins du Québec. Au sens strict : le nickel au Nunavik, où d'autres minerais sont encore protégés par la distance ; le fer du côté du Labrador ; l'amiante dans les plis montagneux du Sud ; et en Abitibi, toute une gamme géologique qui va des minéraux utiles comme le plomb, le zinc et le nickel jusqu'au métal noble par excellence, l'or. Il est facile de les localiser, puisqu'on n'a qu'à suivre les indications routières : Fermont, Asbestos et **Val-d'Or** annoncent clairement leur patrimoine respectif.

L'Abitibi a l'avantage d'appuyer sa richesse sur un triangle doré : l'or vert, transformé en papier journal et en maisons que l'or blanc, quant à lui, éclairera au terme d'un long trajet ; et l'or jaune, symbole et garantie des économies florissantes.

La saga de l'or abitibien, après celles de la fourrure et de la forêt, mais avant celle de l'énergie hydroélectrique, commence en 1911. Des puits se creusent et attirent une population qui fera croître rapidement la ville de Val-d'Or et les localités environnantes. Un filon d'or, découvert en 1923, donne lieu, à partir de 1935, à une exploitation qui fera de Lamaque la mine la plus riche du Québec. À sa fermeture, la production aura duré exactement un demi-siècle.

Souvenirs profonds

Pour faire comprendre ce que fut la vie des mineurs, un centre d'interprétation a été aménagé sur le site de la mine Lamaque. La Cité de l'or fait revivre plusieurs réalités concernant l'exploitation des filons d'or qui ont contribué au boom économique dont a bénéficié la région au milieu du XXe siècle. La visite d'une galerie de la mine, à 100 m sous terre, évoque le courage des travailleurs qui s'enfonçaient jusqu'à 900 m de la surface. Le mineur d'un jour sera initié aux techniques de forage, de transport et de transformation du minerai ; il pourra aussi se familiariser avec l'équipement usuel – lampes, vêtements, marteaux-piqueurs, treuils, tarières et trépans – et visiter les salles de repos, le réfectoire et les laboratoires.

En surface, plusieurs dizaines de maisons de bois rond, entourées de parterres joliment aménagés, composent **le village minier de Bourlamaque**. L'une d'elles est accessible au public ; on y présente divers aspects de la vie du mineur. Pour compléter votre familiarisation avec le monde minéral, une visite du Musée minéralogique de **Malartic** sera utile ; il est situé à une vingtaine de kilomètres à l'ouest de Val-d'Or.

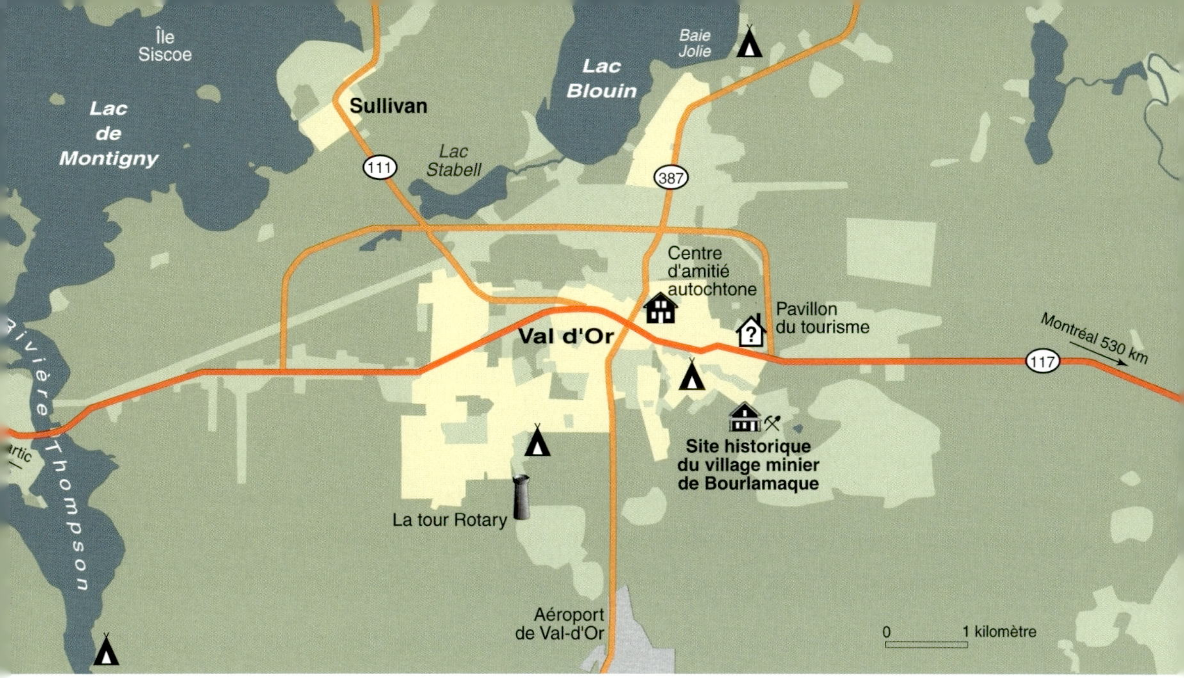

Comment s'y rendre ?

À peine plus de 500 km séparent Montréal de Val-d'Or. Vous empruntez la Route 117, qui vous donne le temps d'apprécier la dimension du Québec et de rêver à ce pays lointain qui est pourtant encore chez nous.

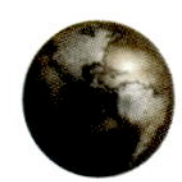

Airs de famille

chez nous

Si vous voulez visiter un autre village de compagnie, Val-Jalbert vous attend. Pour une autre expérience souterraine, la mine Capelton, tout près de North Hatley, vous présentera les conditions géologiques et sociales de l'extraction du cuivre.

L'art religieux a aussi ses richesses : la cathédrale Sainte-Thérèse d'Avila, à Amos.

ailleurs

Les mines de sel de Wieliczka en Pologne sont sans doute les plus originales qui soient : 300 km de galeries taillées dans le sel gemme relient puits, salles, chapelles et… un sanatorium. Le public peut les visiter même si la production se poursuit toujours après sept siècles d'exploitation.

Pour en savoir plus

Gourd, Benoît-Baudry. *La mine Lamaque et le village minier Bourlamaque,* Rouyn, Collège de l'Abitibi-Témiscamingue, Département d'histoire et de géographie, Coll. Travaux de recherches, n° 6, 1983, 117 pages.

« Village minier de Bourlamaque ». Gouvernement du Québec, Commission des biens culturels, *Les chemins de la Mémoire,* tome II, p. 536-538.

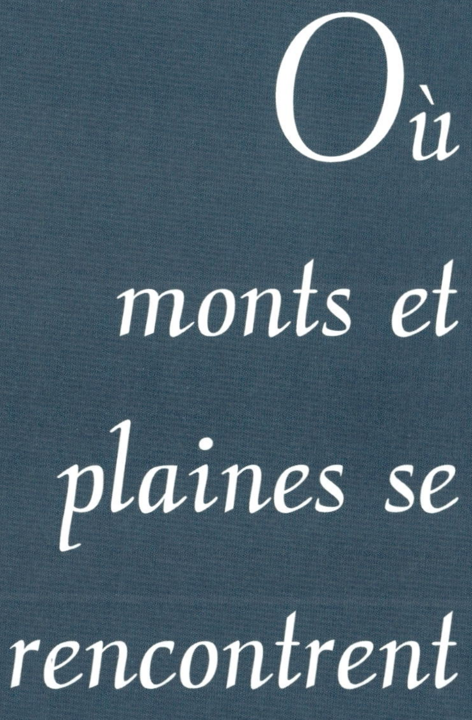

Où monts et plaines se rencontrent

Où monts et plaines se rencontrent

Le passage entre le bouclier canadien, montagneux et découpé, et la plaine du Saint-Laurent, d'une horizontalité presque parfaite, se fait pour ainsi dire sans transition. Rapide et même brutal par endroits, il engendre des phénomènes qui confèrent une physionomie particulière à la zone de contact.

Sauvage et secrète dans la plus grande partie de sa superficie, la région du bouclier offre toutefois au visiteur une entrée royale, le fjord du Saguenay, dont **Tadoussac**, accroché à son rebord, est en quelque sorte le gardien. De part et d'autre de la porte du « Royaume », le massif des Laurentides plonge directement dans le fleuve. Point de transition, si ce n'est quelques lambeaux de sable ou d'argile qui annoncent la plaine du Saint-Laurent, plus en amont. Celle-ci, à l'est comme à l'ouest, est nettement clôturée, si l'on peut dire, par des murs montagneux qui tracent nettement la frontière naturelle entre les deux régions. Au **cap Tourmente**, au pied duquel la plaine du Saint-Laurent trouve sa fin brutale, une ligne de faille, mise à nu par l'érosion, découpe nettement le paysage. À l'autre bout du grand triangle que constitue cette région, un escarpement analogue délimite clairement le **parc de la Gatineau**, qui occupe les premiers contreforts du bouclier.

Il arrive que le rebord de ce bouclier s'ennoie dans les eaux du Saint-Laurent et que, ainsi, le littoral soit pointillé d'îles, de rochers et de récifs qui confèrent un caractère inhospitalier à une côte où l'hospitalité des habitants est pourtant proverbiale. **Harrington Harbour** en est le plus bel exemple.

Les affluents de la rive nord du Saint-Laurent sont responsables d'un trait de paysage bien particulier : le long chapelet de chutes qui bordent le bouclier depuis le Témiscamingue jusqu'au bout du Québec devant Terre-Neuve. Comme des bornes frontières qui délimitent un territoire, elles ponctuent de loin en loin, souvent avec brio, l'étroite zone de contact entre le plateau laurentien et la plaine. L'emblématique **chute Montmorency**, les **Sept Chutes de la rivière Saint-Anne** et les **chutes de Shawinigan** offrent, chacune à leur manière, une éloquente démonstration du travail sélectif de l'érosion fluviale, conditionné par la résistance des roches sous-jacentes. Rapides, gorges, chutes et canyons gratifient cette zone de contact d'une personnalité particulière dont les humains ont tiré parti : ce fut le pays des moulins. Entre le vieux massif du bouclier et la plaine s'insère une longue et mince bande de roches calcaires où les rivières se sont sculpté de pittoresques canyons qui balisent la zone de contact depuis l'Outaouais jusqu'à l'île d'Anticosti.

Le voisinage de la montagne et de la plaine n'a pas toujours été calme. Un jeu de failles y est actif et, dans la vallée du Saint-Laurent, les séismes se révèlent extrêmement nombreux, mais de faible intensité. La région des **Éboulements** en a fait les frais au XVIIe siècle ; le paysage actuel en porte la marque. Il arrive par ailleurs que le passage progressif d'une région à l'autre se fasse en douceur. À Oka, on s'en rend compte en montant au **mont du Calvaire** où, comme au monastère des pères cisterciens, la sérénité du paysage a inspiré la piété des hommes.

Le passage entre monts et plaines se manifeste de façon continue à la marge sud du bouclier. Il faut aussi dire qu'il existe une région qui forme une oasis en plein cœur du plateau laurentien. C'est le bassin du lac Saint-Jean. À **Val-Jalbert**, le contact se manifeste aussi de façon intéressante, tant sur le plan de la géographie que sous l'angle historique.

D'est en ouest, 10 sites balisent le contact entre ces deux grandes régions géographiques que sont le bouclier canadien et la plaine du Saint-Laurent.

Accroché aux rochers

« *Mer semée d'îles, terre semée d'eaux et tous les événements de la pierre pour défier le temps. Pourquoi avoir imaginé si merveilleusement un pays inutilisable ? Parce qu'il faut bien vendre son poisson.* »

Pierre Perrault
Toutes isles

Harrington Harbour

À nul autre pareil

Vous cherchez un village unique au Québec ? Un village sans place ni rues, un village qu'on aborde par voie d'eau l'été et par voie de glace l'hiver ? Un village aussi loin de Montréal que Chicago ? Voici Harrington Harbour, une bourgade d'une cinquantaine de maisons accrochées à l'une des innombrables îles de la côte Nord. Il n'y a aucun arbre, mais il est vrai que le vent de la toundra est venu à la rescousse et y a semé, à travers la mousse et le lichen, un tapis de chicoutai qui, par endroits, prête à l'île un coloris orangé.

Quelques pêcheurs terre-neuviens l'ont vu autrement. Deux d'entre eux y sont venus en 1871 pour fonder cette petite communauté qui s'est dès lors appliquée à aménager ce tas de roches pour en faire un des plus sympathiques villages de la côte. Ils y ont semé, en un beau désordre, de coquettes maisons d'une simplicité multicolore, qui tournent le dos à une mer omniprésente. Pour les réunir, un réseau de trottoirs de bois se faufile entre les saillies rocheuses et joue à saute-mouton au-dessus des ruisseaux et des rigolets. Les gens y flânent en quête de conversation ou s'y pressent sur leurs véhicules tout-terrain. Harrington Harbour est sans aucun doute le village le plus original du Québec.

Et pourtant, une petite capitale

En guise de rues, des trottoirs de bois relient maisons et rochers, enjambant criques et crevasses.

Le village compte une **chapelle** qui accueille les fidèles de l'Église anglicane et de l'Église unie, une école pour les enfants des familles autrefois nombreuses, une caisse populaire, l'indispensable **magasin général,** une usine de transformation des fruits de mer où, en raison de la surpêche, la morue et le flétan ont récemment été remplacés par le crabe et le pétoncle. Bien sûr, quais, rampes de mise à l'eau, ateliers et autres aménagements portuaires occupent les nombreuses anses rocheuses. Divertissement oblige, il y a aussi un bar.

Mais un village de 300 habitants à peine peut-il être une capitale ? D'une certaine manière, oui. Comme les grandes capitales, Harrington Harbour a aussi été visité par des explorateurs dont les hauts faits sont gravés dans les registres de l'histoire. Un monument à **Jacques Cartier** y rappelle son passage vers les Indes… Dès 1906, un hôpital, le plus ancien de la Basse-Côte-Nord, y accueillait les malades de toute la région, ce qui a valu à l'île le surnom de « Hospital Island ». Aujourd'hui, cet ancien dispensaire est devenu une résidence pour personnes âgées. Au siècle dernier, une « dépendance » de Harrington Harbour, l'île Schooner, abritait une mini-usine qui transformait la graisse de phoque pour une clientèle régionale. On peut encore en voir les vestiges. De nos jours, un **héliport** permet d'assurer la liaison avec les autres villages de la Basse-Côte-Nord. Amarré au large d'une côte à l'allure inhospitalière, ce simple rocher surmonté de quelques maisons a bien quelque chose d'une capitale régionale. Il en a en tout cas le souvenir. Les habitants voudraient-ils aujourd'hui quitter ce coin de pays difficile ? Pas plus que les irréductibles habitants du village d'Astérix.

Qu'y faire ?

Les insulaires vivent de la pêche. Tout, sur l'île, le rappelle. Mais à quoi le visiteur consacrera-t-il son temps ? Car il y passera nécessairement plus que quelques heures furtives. Il prendra le rythme du lieu, bien sûr, en suivant le conseil de Vigneault : « Il faut laisser au temps le temps de t'attraper. » À la croisée de deux pontons, il ne faut pas manquer d'entreprendre une conversation qui, dans une langue de Shakespeare au parfum des îles, vous en dira long sur ce bout de rocher qui est pourtant tout un monde.

Il faut aussi participer aux points d'animation qui se déplacent selon les jours et les heures. Cela se passe au quai, les jours d'accostage du *Nordik,* à la chapelle le dimanche, à la boutique d'artisanat les jours de visite des gens de la ville, à la coopérative les jours ouvrables. Au rythme des saisons, vous pourrez observer le passage des oiseaux migrateurs, des bateaux ou des icebergs, ou encore, au plus froid de l'année, admirer la patience immobile des amateurs de pêche blanche. Il n'y a pas de saison morte à Harrington Harbour.

Cette île de roc retient à peine assez de terre pour y ensevelir les défunts.

Et autour...

Autour ? Il y a surtout d'autres rochers assaillis par les vents et battus par la mer. La plupart n'ont de population que celle des messagers du ciel. On vous proposera d'ailleurs une excursion en bateau autour du sanctuaire d'oiseaux de l'île Sainte-Marie, un de ces récifs qui se trouvent de part et d'autre de Harrington Harbour.

Sur la côte, suivez les itinéraires littéraires de Jean O'Neil, dont les propos sont une pressante invitation à la découverte. Il parle du Petit Rigolet comme d'un Saguenay miniature. Il salue au passage la chapelle de l'île Providence, qui a poussé comme par miracle sur un rocher qui n'est qu'un des milliers de confettis insulaires que Jacques Cartier appelait « Toutes isles ». Et, si vous en avez le temps, poursuivez votre chemin jusqu'à Blanc-Sablon, dont notre poète-géographe dit « qu'on peut arriver au bout du pays sans arriver au bout du monde ».

Comment s'y rendre ?

Aucune route n'atteint ce village insulaire. L'été, un service quotidien de bateau-taxi vous amènera à Harrington Harbour depuis Chevery, où il vous faudra arriver par avion. Vous pouvez trouver à Rimouski un cargo faisant hebdomadairement office de traversier et arriver directement à l'île de Harrington Harbour.

Dès janvier cependant, la glace côtière en interdit l'accès par voie d'eau ; ce moyen est alors relayé, après un temps d'hésitation, par la motoneige, qui emprunte alors une des plus longues pistes d'hiver qui soit, l'Autoroute blanche (*White Highway,* pour les initiés). Ainsi se prolonge le courageux service qu'assurait Jos Hébert, si bien chanté par Gilles Vigneault.

En tout temps, il y a aussi l'hélicoptère, car Harrington Harbour a son héliport. Isolement oblige…

Airs de famille

chez nous

Les Inuits des îles Belcher, dans la baie d'Hudson, séparées du Québec par une étrange frontière, savent aussi tirer parti d'îles nues.

ailleurs

Quelques Français, aux antipodes de la métropole, se sont aussi accrochés à une rocaille de même latitude, mais dans l'hémisphère Sud, aux îles Kerguelen.

Pour en savoir plus

O'Neil, Jean. *Ladicte Coste du Nort,* Montréal, Libre Expression, 1996.

Pouliot, Jean-François. *La grande séduction*, Montréal, film, 110 min.

La sonorité des lieux

« L'écharpe de brume glisse toujours hors de la gorge du Saguenay comme mugit, ponctuel, l'appel des bacs à leur départ. Crans, mornes et monts répercutent le signal, qui court sur les eaux basses du havre avant de frapper contre la montagne. »

André Ricard
Les baigneurs de Tadoussac

Tadoussac

À la rencontre de deux titans

La route qui, sur plus de 1 000 km, longe le Saint-Laurent de Montréal à Natashquan enjambe par des ponts tous les affluents du grand fleuve, sauf un, et il est de taille. Le Saguenay oppose sa majestueuse dimension à l'humaine tentation de l'homme de coiffer l'entrée du fjord de quelque œuvre de génie. Quant à y creuser un tunnel, inutile d'y songer; il faudrait s'enfoncer dans les entrailles de la terre jusqu'à plus de 300 m de profondeur. C'est donc après une courte croisière sur le Saguenay qui offre, du traversier, une vue magistrale sur le fjord, que le voyageur aborde Tadoussac, vigie postée à la porte du « Royaume ».

La porte d'entrée du Royaume

Le « Royaume » méritait bien une entrée royale.

Jacques Cartier, premier publiciste de ce site magistral, notait, dans le récit de son deuxième voyage, en 1535 : « Y a une rivière fort profonde et courante, qui est la rivière et chemin du royaume et terre du Saguenay, ainsi que nous a été dit par nos deux hommes du pays de Canada. Et est cette rivière entre hautes montagnes de pierre nue, sans y avoir que peu de terre, et non obstant, y croît grande quantité d'arbres, et de plusieurs sortes, qui croissent sur la dite pierre nue comme sur bonne terre ; de sorte que nous y avons vu tel arbre, suffisant à mâter navire de trente tonneaux, aussi vert qu'il soit possible de voir, lequel était sur un roc sans y avoir aucune saveur de terre. »

La porte d'un royaume ne peut être que majestueuse. Annonciatrice d'un pays intérieur plein de promesses, cette autre « Sublime Porte » est apparue à notre découvreur comme une symphonie de vert et de bleu, de roc et de forêt, de mer et de montagnes, telle qu'elle se présente d'ailleurs encore aujourd'hui au voyageur qui croise le Saguenay à la hauteur du fleuve. Il n'est donc pas étonnant que ce lieu soit inscrit sur la liste officielle des membres du Club des 30 plus belles baies du monde.

Le testament du glacier

À voir les dimensions de la rigole cyclopéenne qu'a surcreusée le glacier – à son embouchure, le Saguenay a une profondeur de près de 300 m –, on pourrait croire que sa force herculéenne a tout emporté sur son passage. Mais le glacier a aussi laissé des témoignages positifs de son passage, comme ces accumulations de sable qui dotent le paysage de Tadoussac d'un des escarpements les plus originaux du pays. Le résidu d'un ancien delta, formé lors du retrait du glacier, se présente en effet comme une **falaise de sable** fin située à 2 km à l'est du village, près de l'embouchure de la **rivière du Moulin à Baude**. Dans les années trente, les longues pentes sablonneuses de cette étrange falaise ont été utilisées par des skieurs estivants, histoire de contredire le rythme saisonnier des sportifs. Aujourd'hui, le parc national du Saguenay en a fait une aire de protection et d'interprétation.

Entre les berges et l'auberge, la petite chapelle des Indiens.

Au rendez-vous des géants de la mer

Les baleines se sentent sans doute à l'aise dans ce monde qui semble fait pour titans et léviathans. C'est en effet l'exceptionnelle profondeur des eaux et leur basse température qui entretiennent la vie d'une microfaune marine qui, ramenée à la surface par les courants sous-marins, constitue le menu des grands mammifères marins. Le **Centre d'interprétation des mammifères marins,** agréablement situé en bordure du fjord, explique les interactions entre la géographie, la zoologie et la botanique des lieux. La **Station piscicole,** pour sa part, illustre le cycle de reproduction du saumon et complète l'information pour la compréhension de la fascinante logique naturelle des lieux. Et pour connaître l'impact de cette nature aussi impérative que généreuse sur la vie des hommes de mer, il vaut la peine de visiter le **Musée maritime**, avec ses maquettes de goélettes, de bateaux-phares et de traversiers, de même que le centre d'interprétation de l'Île-Rouge.

Il faut aussi voir ces géants de la mer, vivants, dans leur milieu naturel. Des croisières de découverte sont proposées, mais vous pouvez aussi observer baleines, rorquals et bélugas depuis la terre ferme, au centre d'interprétation et d'observation de Pointe-Noire. Sur le chapitre de la connaissance zoologique, il faut signaler que Tadoussac est aussi un lieu privilégié pour l'observation des oiseaux de proie.

Un autre berceau de la Nouvelle-France ?

Une escadrille pacifique garde l'entrée du fjord.

Le Saguenay est une voie d'eau qui prolonge la navigabilité du Saint-Laurent loin à l'intérieur des terres. La toponymie le confirme : *Chicoutimi,* située à la tête du fjord, signifie « jusque-là, c'est profond ». Les deux cours d'eau ont donc constitué un réseau de communications depuis longtemps utilisé par les Amérindiens. Déjà lieu de rendez-vous entre nations amérindiennes, Tadoussac fut, à l'arrivée des Européens, le théâtre d'une autre rencontre historique. C'est en 1600, huit ans avant la fondation de Québec, que fut créé ici le premier poste de traite en Nouvelle-France, de sorte que plusieurs ont reconnu en Tadoussac le plus vieux village du Canada. Laissons aux historiens le soin de décider si cela justifie que Tadoussac ravisse à la capitale le titre de berceau de la Nouvelle-France ou le partage avec elle.

Quoi qu'il en soit, il est intéressant d'imaginer la courageuse solitude des premiers occupants européens qu'évoquent les artefacts exposés au **poste de traite Chauvin,** réplique de la construction initiale attribuée à Pierre Chauvin de Tonnetuit, ami de Pierre Dugua de Monts, le commanditaire de la fondation de Québec qui, lui aussi, séjourna à Tadoussac. Ce petit musée, comme la **chapelle des Indiens**, tout à côté, rappelle aussi que Tadoussac fut un des premiers et plus importants lieux de contact entre Européens et Amérindiens. L'intégration de la toponymie amérindienne dans le vocabulaire géographique courant en est une éloquente manifestation. Le caractère descriptif de cette toponymie se retrouve précisément dans les noms *Tadoussac,* qui signifie « mamelles » et évoque la forme des montagnes qui encadrent le village, et *Saguenay,* qui signifie « le pays d'où l'eau sort ».

Sur le sable, trois petits tours et puis s'en vont.

Et autour...

Les marcheurs seront servis ; un grand nombre de sentiers ont été aménagés dans le parc national du Saguenay, le long du fjord. Plusieurs partent de Tadoussac. À une douzaine de kilomètres de là, **Anse-de-Roche,** situé en contrebas du village de Sacré-Cœur, attend les amateurs de vastes panoramas.

Comment s'y rendre ?

Si vous y arrivez par voie d'eau, le **phare de l'île Rouge,** qui fait office de portier de la grande entrée, vous signale que vous êtes rendu. La Route 138 vous conduit jusqu'à **Baie-Sainte-Catherine** ; quelques kilomètres plus loin, un dernier détour de la route vous révèle le majestueux Saguenay et, de l'autre côté, Tadoussac, premier village de la Côte-Nord.

Le phare de l'île Rouge, portier de la grande entrée.

Montagne à Lazare
Anse-de-Roche 12 km
138
Rivière du Moulin à Baude
La Grande Anse
Falaise de sable
Lac de l'Anse à l'Eau
Lac de l'Aqueduc
Tadoussac
Chapelle des Indiens
Musée maritime
Poste de traite Chauvin
Station piscicole
Centre d'interprétation des mammifères marins
Traversier
Fjord du Saguenay
Phare de l'île Rouge 14 km
Battures de la pointe aux Vaches
Pointe Noire
138
Baie-Sainte-Catherine 6 km
FLEUVE SAINT-LAURENT
0 1 kilomètre

Airs de famille

chez nous

Le Nouveau-Québec est riche en fjords et quelques villages inuits en gardent l'entrée, comme celui de Kangiqsualujjuaq. Mais c'est du côté de la partie du Labrador reconnue à Terre-Neuve en 1927 que les Torngat arborent les fjords les plus spectaculaires.

ailleurs

La Norvège, on le sait, est le pays des fjords. Ils en festonnent la côte Ouest où trône Bergen, surnommée « la porte de la région des fjords ». Le Chili est aussi un pays de fjords. Mordant profondément dans la chaîne andine, ils sont reconnus pour être parmi les plus beaux du monde.

Pour en savoir plus

PACREAU, Camille. *Tadoussac,* Montmagny, Éditions Marquis, 1947, 139 pages.

PIERRE, Joëlle. *Tadoussac, à l'origine du Québec,* Tadoussac, Les Presses du Nord, 2000, 120 pages.

OUELLET, Yves. *Tadoussac, la baie des splendeurs,* Laval, Guy Saint-Jean, 2000, 118 pages.

En souvenir de Val-Jalbert

« Je me souviens de son dernier cri
De notre sirène au mois d'août à minuit
Nous espérions que c'était juste une rumeur
Mon Dieu, éloigne de nous cette horreur

Comme un coup de vent dans le passé
Toutes ces richesses, on a dû laisser
Nous sommes partis l'un après l'autre
En espérant un jour remonter la côte

Je veux revoir mon village
Avant de faire le grand voyage
J'ai entendu dire qu'il a repris vie
Grâce à vous, mes bons amis »

Martin Cloutier

Val-Jalbert

Des fantômes ressuscités

Alors qu'un passé pourtant assez récent était en train de sombrer dans l'oubli, des esprits clairvoyants ont décidé de ramener à la surface un épisode important, bien que relativement éphémère, de l'histoire du Lac-Saint-Jean. Grâce au gouvernement du Québec, et plus particulièrement à la Société des établissements de plein air du Québec (SÉPAQ), le village fantôme de Val-Jalbert est devenu un témoin éloquent d'une aventure industrielle à l'image de l'esprit d'initiative qui anime cette région. M. Jalbert a réalisé son rêve ; la conjoncture économique en a eu raison. Ainsi va la vie des régions qui bougent. Ici, l'intérêt historique des lieux met avantageusement en valeur une géographie généreuse qui allie la beauté des paysages à la variété des phénomènes naturels.

La rivière Ouiatchouan : une pièce en trois actes

Parallèle à la chute, le téléphérique permet de l'observer sous tous ses angles.

En général, la Terre garde jalousement ses secrets, même si les hommes s'emploient fiévreusement à les découvrir et à les exploiter. Mais il arrive parfois qu'elle-même exhibe les diverses formations qui font sa richesse et sa complexité. Le site de Val-Jalbert constitue à cet égard une démonstration éloquente de la géologie et de la géomorphologie de la région.

La **rivière Ouiatchouan** (mot innu qui signifie « eaux tourbillonnantes ») traverse successivement, sur une courte distance, les roches dures du bouclier canadien où elle prend sa source et, après avoir dévalé en moins de 500 m une dénivellation de près de 250 m, une étroite bande de calcaire. Elle coule finalement à fleur de plaine sur moins de 1 km. À chacune de ces étapes, la rivière a découpé la croûte terrestre selon des styles bien particuliers.

Jusqu'à la chute, où elle lèche ostensiblement l'abrupt de faille, elle s'est faufilée dans les cassures géométriques qui strient le bouclier. Dans le calcaire, elle s'est taillé un canyon qui offre une série de petits bassins propices à la baignade, encadrés par des murs verticaux longés de trottoirs naturels que forment les roches plates de cette formation sédimentaire. Pour finir, elle aborde paresseusement la plaine du lac Saint-Jean, histoire de se reposer durant quelques centaines de mètres avant de se jeter dans le lac. Du haut du belvédère que l'on atteint par un **téléphérique** installé récemment, un vaste panorama s'offre au regard : le lac Saint-Jean, que les Innus appellent « le lac plat » (*Piékouagami*), et une portion des basses terres qui l'entourent. Une oasis bleue au cœur de la verte forêt boréale du plateau laurentien.

À Val-Jalbert, la géographie humaine y a aussi son compte. Dès les débuts de la colonie, les chutes ont été, au Québec, un facteur de localisation industrielle extrêmement important : moulins à farine, moulins à bois, puis industries énergivores. La région du Lac-Saint-Jean était tout naturellement désignée pour voir naître des industries auxquelles s'offrait le tandem énergie et matière première.

L'ancien magasin général où l'on vend maintenant… la mémoire des lieux.

Le rêve de M. Jalbert

Au tournant du XXe siècle, en 1901 plus précisément, un homme de grandes visées, Damase Jalbert, entreprenait de transformer un modeste moulin à farine en une pulperie qui ferait la fortune de la région.

Val-Jalbert est aujourd'hui un village fantôme où s'alignent, en contrebas de la chute Ouiatchouan, plusieurs rangées de maisons de bois auxquelles le temps a prêté une vénérable teinte dorée. Ouvriers et patrons y ont vécu des jours heureux, à l'époque où la pulperie bénéficiait d'un contexte économique favorable, durant le premier quart du XXe siècle. Le village de Val-Jalbert constituait alors un petit monde, avec son église, son magasin général, son école, son hôtel et, évidemment, son usine qui était la raison d'être du village et qui exportait sa pulpe jusqu'en Europe par le port de Chicoutimi.

Pour inverser le dicton, après le beau temps, la pluie : survient une pluie de difficultés financières, d'accusations et de controverses qui finit par avoir raison de l'heureuse mais courte histoire de ce village-usine. Le 5 août 1927, une lettre du surintendant général de la Quebec Pulp & Paper Mills Limited annonçait aux employés de la compagnie que les opérations de l'usine de Val-Jalbert cesseraient « le 13 août à minuit pour un temps indéfini ». À la date et à l'heure fatidiques, la sirène du **moulin** confirma la nouvelle par un sifflement sinistre. Petit à petit, les familles des ouvriers désertèrent les lieux, et petit à petit, les fantômes s'y installèrent. Ainsi prenait fin le rêve de Damase Jalbert.

Renaissance

Un chemin de fer vers nulle part…

La chute, le canyon et la faille sont là depuis des millénaires et y seront encore dans un avenir lointain. Mais l'humanité est plus éphémère. Elle se déplace. Elle arrive, elle s'installe, elle travaille, elle repart. Parfois, elle revient. À Val-Jalbert, ces manifestations du permanent et du transitoire ont cohabité. Heureusement, le passé trouve son écho dans des réaménagements touristiques. Le fonctionnement de l'ancienne usine est expliqué par des guides compétents. De nouveau, le **magasin général** accueille de joyeux compères qui ont bien appris leur rôle. Dans le **couvent,** on théâtralise une classe où s'affrontent des enfants qui expérimentent déjà les clivages sociaux. Une agréable et instructive visite au siècle dernier.

Comme bien d'autres rivières, la Ouiatchouan termine sa course dans le bouclier canadien par une chute spectaculaire.

Non loin de là...

Autrefois connue sous le nom de « Pointe-Bleue », **Mashteuiatsh,** la plus importante des communautés innues, constitue une halte sympathique où la visite du Musée amérindien s'impose. En bordure du lac, des monuments réussis symbolisent les principes fondateurs de la culture des Pekuakamiulnuatsh, les Montagnais du Lac-Saint-Jean.

Pour ceux qui veulent remonter encore beaucoup plus loin dans le temps, le trou de la Fée, à Desbiens, permet de constater l'effet du poids d'un glacier sur la croûte terrestre, pourtant constituée à cet endroit des roches très dures du bouclier canadien. C'est ce qui fait l'originalité de cette caverne, car c'est habituellement dans le calcaire que les souterrains naturels se creusent. C'est la région des sports de longue distance. Chaque année, une longue colonne de cyclistes s'organise pour parcourir les 250 km de la Véloroute des Bleuets qui fait le tour du lac. D'autres prendront un raccourci et traverseront à la nage les 32 km qui séparent Roberval de Péribonka. Si vous ne pouvez vous joindre à eux, venez admirer leurs exploits.

En creusant les roches sédimentaires, la rivière Ouiatchouan amorce son canyon.

Parc provincial Val-Jalbert
Bouclier canadien
Plaine du lac Saint-Jean
Chute Ouiatchouan
Canyon
Rivière Ouiatchouan
Le magasin général
Le moulin
Maisons d'interprétation
Le couvent
Accueil
Téléphérique
Réserve indienne de Mashteuiatsh 8 km
169
Chambord 8 km
0
0,5 kilomètre

Comment s'y rendre ?

En faisant le grand tour du lac Saint-Jean par la Route 169, impossible de manquer Val-Jalbert, à mi-chemin entre Chambord et Roberval.

Airs de famille

chez nous

Sur le plan géographique, la longue et étroite bande de calcaire qui borde le bouclier canadien en son sud et qui s'étire à la largeur du Québec est ponctuée de canyons plus ou moins spectaculaires, comme les rivières Vauréal de l'île d'Anticosti, Montmorency près de Québec et Jacques-Cartier à Pont-Rouge.

Sur le plan humain, les villages de Parent et de Rapide-Blanc-Station, sur le chemin de fer Québec-Abitibi, ont aussi des allures de villages fantômes, sans bénéficier du même mouvement de renaissance. Il faut dire qu'ils sont moins accessibles que Val-Jalbert.

ailleurs

La ruée vers l'or, si bien racontée par Blaise Cendrars, a laissé ses marques dans le Gold Country de la Californie. Parmi la quantité de villes minières qui parsèment la région, certaines sont en ruines et ont un caractère fantomatique, d'autres ont été restaurées et fleurent parfois l'odeur d'Hollywood.

Pour en savoir plus

Bazinet, Nadia et Luc Amiot. *Val-Jalbert, de l'histoire au destin,* Éditions des Chiens savants, 2001, 40 pages.

Martin Cloutier chante Val-Jalbert, disque compact. mcloutier@valjalbert.com

Du journal du père Lalemant

« Vers la Baye dite de S. Paul, il y avoit une petite montagne sise sur le bord du fleuve, d'un quart de lieuë ou environ de tour, laquelle s'est abysmée, et comme si elle n'eust fait que plonger, elle est ressortie du fond de l'eau pour se changer en islette. »

Les Éboulements

Séismes, goélettes et moulins

Lorsque la nature affiche la vigueur de ses formes, elle livre parfois des témoignages de ses tribulations passées. Ainsi, la beauté du paysage dans lequel baigne la région des Éboulements fait oublier que le nom de ce village, un des plus authentiquement harmonieux de Charlevoix, évoque une catastrophe que le père Lalemant avait décrite avec une poétique approximation.

Le soir du 5 février 1663, à 5 h 30…

À marée haute, la langue de terre découpe nettement le littoral.

Les nouveaux habitants de la Nouvelle-France, issus d'un pays où l'activité géologique est au beau fixe depuis des millénaires, furent effrayés jusqu'à en perdre la raison par un de ces tremblements de terre qui sont pourtant chose commune dans la vallée du Saint-Laurent. En effet, le long de la fameuse faille Logan qui longe le grand fleuve, les séismes sont extrêmement fréquents – une centaine par année –, mais ils sont en général de très faible intensité, de sorte qu'ils passent presque tous inaperçus.

Marie Guyard, mieux connue sous son nom religieux de Marie de l'Incarnation, relata dans une lettre à son fils la réaction de la population à cet événement et attribua aux Indiens l'idée que c'était la main de Dieu qui avait frappé, cloches sonnantes à l'appui, pour punir les abus d'eau-de-vie dont ils s'étaient rendus coupables, en complicité avec les « mauvais Français ». Il semble que la leçon n'ait pas porté fruits immédiatement, car d'autres secousses sismiques ont été ressenties durant plusieurs mois après le premier grand coup.

Que le malheur soit venu d'en haut ou d'en bas, il n'en demeure pas moins que le souvenir du séisme est resté gravé dans quelques mémoires, mais surtout dans la géographie des lieux. C'est à **Saint-Joseph-de-la-Rive**, en contrebas du village des **Éboulements** dont il faisait autrefois partie, qu'on retrouve aujourd'hui l'empreinte géographique de cet événement.

La montagne tire la langue

Le trait de côte fait un détour étrange à Saint-Joseph-de-la-Rive. Une langue de terre, pourtant composée de sol meuble, s'avance avec assurance dans le fleuve. C'est que la montagne, secouée par un tremblement de l'écorce terrestre, s'est un jour libérée d'une partie du manteau d'argile qui couvrait son flanc sud et a ainsi formé un éboulis, une mini-péninsule qui, vue du village des Éboulements, se découpe clairement sur le bleu du fleuve. C'est de là que l'on peut admirer, dans sa majestueuse ampleur, le paysage charlevoisien fait de mer et de montagnes, ainsi que de ce qui les unit : terrasses, estran, quais, traversiers et une petite église dont l'intérieur propose une thématique maritime.

À marée basse, la ligne de rivage se régularise.

Qu'est-ce qu'un astroblème ?

Pour avoir une idée d'une catastrophe naturelle d'une bien plus grande ampleur encore que celle du séisme de 1663, il vaut la peine de faire le tour du massif dont le mont des Éboulements constitue le sommet et d'imaginer la dimension de la météorite qui a heurté les hauteurs de Charlevoix il y a 350 millions d'années. C'est le contrecoup de son impact qui a formé cette montagne délimitée par un fossé qui l'entoure depuis la bien nommée vallée du Gouffre jusqu'à celle de la rivière Malbaie, un cratère de plusieurs dizaines de kilomètres de diamètre. Les savants ont appelé ce phénomène un « astroblème ».

Amarrées pour toujours

L'étang dort ; le meunier veille.

À quelque chose malheur est bon. L'éboulement de 1663, si l'on en croit le père Lalemant, a créé les conditions qui jusque-là faisaient défaut à l'aménagement d'un petit port. Il lui attribue la création « d'un lieu tout bordé d'écueils, comme il était, un havre d'assurance contre toutes sortes de vents ». Dès lors, Saint-Joseph-de-la-Rive a lié dialogue avec la presque mer qu'est le fleuve devant Charlevoix. De là part aujourd'hui le traversier pour l'île aux Coudres ; de là aussi partaient autrefois les goélettes que le savoir-faire des Éboulois y avait construites. Le temps des « voitures d'eau » est révolu mais, derrière le quai, on en a amarré quelques-unes à demeure pour le bénéfice des visiteurs du **Centre d'interprétation maritime.**

Les mânes de Félix-Antoine Savard

Félix-Antoine Savard, prêtre colonisateur et poète, a adopté Charlevoix, qui l'a à son tour adopté jusqu'à sa mort et même au-delà : il repose dans le cimetière de Saint-Joseph-de-la-Rive, situé le long de la rue principale qui porte son nom. Il a vécu les dernières années de sa vie au pied de la côte après avoir fondé la **Papeterie Saint-Gilles,** aujourd'hui Économusée du papier. Sous la main d'habiles artisans, on y voit une simple pâte blanche se métamorphoser en un fin papier de coton, tout comme des mots simples devenaient, sous la plume de Monseigneur, des poèmes fleurant bon la nature sauvage.

La chapelle de Saint-Joseph-de-la-Rive, à la dimension du village.

Et autour . . .

Il y a beaucoup à voir autour des Éboulements. Ce coin de pays est un résumé historique et géographique de Charlevoix. À l'entrée du village, le **moulin seigneurial** a donné son nom à la rivière qui alimente son mécanisme encore actif.

Sur l'île aux Coudres, deux moulins vous attendent, l'un à eau et l'autre à vent, qui tournent encore malgré leurs 150 ans passés. Aussi, un économusée, faisant écho à son cousin d'en face, rend ici hommage à la farine.

Comment s'y rendre ?

À 100 km à l'est de Québec, la Route 138 passe par Baie-Saint-Paul, un de ces paradis pour artistes. De là, deux routes traversent les grands paysages de Charlevoix : celle de gauche scrute l'arrière-pays ; celle de droite, la 362, courtise le fleuve chaque fois que le relief le permet. C'est ce qu'elle fait aux Éboulements. Du village, une bretelle descend vers Saint-Joseph-de-la-Rive ; à mi-chemin se déploie une terrasse qu'annonce une ferme potagère aux couleurs et aux saveurs du pays, la Métairie du plateau.

Le village des Éboulements, malgré son nom, ponctue le calme paysage du plateau.

Airs de famille

chez nous

Au nom de la géographie, évoquons le panorama de fleuve, d'îles et de montagnes qui se déploie en contrebas du belvédère de la croix de Saint-Pâcome, sur la rive Sud, en face des Éboulements. Au nom de l'histoire, rappelons que le 4 mai 1971, un glissement de terrain a emporté 40 maisons à Saint-Jean-Vianney, au nord de Jonquière. Trente et une personnes y ont perdu la vie. Cruelle argile !

ailleurs

En Islande, en février 2000, le cœur de la terre s'est encore une fois mis à battre trop fort. Résultat : d'immenses masses de limon et de cendre qui bordaient le mont Hekla ont été lessivées vers la mer et ont remanié, là aussi, le dessin de la côte.

Pour en savoir plus

TREMBLAY, Jean-Paul. *Être seigneur aux Éboulements. Monographie historique portant sur la seigneurie des Éboulements,* Baie-Saint-Paul, Société historique de Charlevoix, 1996, 269 pages.

QUILLIAM, Louise et Michel ALLARD. « Évolution géomorphologique du glissement de terrain et du marais littoral de Saint-Joseph-de-la-Rive, Charlevoix, Québec », *Géographie physique et Quaternaire,* 1989, vol. 43, p. 367-376.

ANCTIL-TREMBLAY, Alain. *300 ans d'histoire. Les Éboulements,* Sainte-Julie, Maison Primevère, 1983, 263 pages.

Sept : le chiffre parfait

« Le nombre sept, par ses vertus cachées, maintient dans l'être toutes choses ; il dispense vie et mouvement ; il influence jusqu'aux êtres célestes. »

Sentence attribuée à Hippocrate

Les Sept Chutes de la rivière Sainte-Anne

Sept chutes, vraiment ?

On s'est demandé si les Cent îles du lac Saint-Pierre étaient vraiment cent et si la rivière des Mille Îles avait droit à ce nom généreux. Et la rivière Sainte-Anne a-t-elle vraiment sept chutes ? D'abord, de quelle rivière Sainte-Anne s'agit-il, puisque le Québec en compte sept ? Et de quelles sept chutes, puisqu'au Québec sept toponymes se réfèrent à sept chutes ?

Rappelons-nous qu'on a divisé la semaine en sept jours, qu'on a reconnu à sept corps célestes le statut de planète, qu'on a identifié sept imperfections appelées « péchés capitaux » et sept œuvres de perfection appelées les « sept merveilles du monde ». Quel est donc le pouvoir du chiffre sept ? Quoi qu'il en soit, si ce chiffre est magique, il sied bien à des chutes qui ont aussi quelque chose de magique et de spectaculaire.

Le dernier escalier

Les fissures dans la roche du bouclier et de ses abords ont indiqué son chemin à la rivière Sainte-Anne.

Nous parlons ici de la rivière Sainte-Anne qui, après être passée derrière le cap Tourmente, aboutit au fleuve près de Sainte-Anne-de-Beaupré. On l'appelle aussi « rivière Sainte-Anne du Nord » pour la distinguer de ses homonymes, bien que sur l'île d'Anticosti coule une rivière Sainte-Anne située bien plus au nord. La toponymie a de ces caprices !

Notre rivière Sainte-Anne partage le même profil géographique avec pratiquement tous les affluents de la rive nord du Saint-Laurent en amont du cap Tourmente. Elle prend sa source dans les reliefs montueux du bouclier canadien, se faufile entre les montagnes laurentiennes en empruntant les failles et les cassures qui coupent les roches précambriennes souvent à angles aigus, se paie quelques zones de repos au fil de bassins ou de replats intérieurs, traverse une étroite bande de roches calcaires et s'y creuse un lit en forme de canyon, puis se manifeste bruyamment en dévalant les derniers reliefs laurentiens avant d'aborder la plaine du Saint-Laurent et de rejoindre le fleuve.

Telle une vedette de music-hall, elle ne rate pas son entrée en descendant au son de sa musique naturelle les nombreuses marches de son dernier escalier. C'est là qu'elle révèle ses charmes. Dans ce théâtre à ciel ouvert où les sièges sont de gneiss et de granite, une vingtaine de belvédères font office de balcons et de mezzanines et offrent des vues plongeantes qui ravissent l'œil et donnent le goût d'en voir plus. Les environs y répondent en mettant au programme plusieurs lieux-vedettes.

Énergique et énergétique

L'énergie naturelle qui se dégage des Sept Chutes est impressionnante : ni la première chute, ni la deuxième, ni les autres n'épuisent la puissance des eaux qui, à chaque saut, reprennent de plus belle leurs énergiques plongeons effectués à la chaîne.

Déjà, les Sept Chutes impressionnaient par la beauté du spectacle qu'elles offrent. On a voulu leur ajouter un autre titre de fierté en les rendant utiles. En 1912, on y construit une centrale hydroélectrique ; de nombreux étrangers contribuent à l'édification du complexe énergétique et s'installent sur les lieux. C'est la naissance d'un village qui a animé le site durant toute la période où la centrale était en fonction, soit jusqu'en 1984.

Pour mémoire

Lorsqu'en 1999 on a remis la centrale en état de production, on a doté le site d'une fonction pédagogique. Un centre d'interprétation explique les différentes étapes de la production d'électricité. Le parcours est ponctué des éléments qui composent la chaîne classique d'un complexe hydroélectrique : le réservoir, le barrage, la prise d'eau, la **conduite forcée**, la cheminée d'équilibre et la **centrale**. Ainsi, le visiteur peut accompagner le fil de l'eau depuis sa captation par le système jusqu'à sa restitution à la rivière qui, entre ces deux points distants d'environ 1 km, se sera prêtée à sa magique transformation en un salutaire déséquilibre entre neutrons et électrons, ce qu'est l'électricité en résumé.

Le numéro de la fin

Il y a 150 ans, Cornelius Krieghoff, né dans un pays où fleuves et rivières coulent paresseusement à fleur de plaine, fut impressionné par le tumultueux passage de la rivière Sainte-Anne dans son dernier défilé. Il en a fait un tableau qui permet aujourd'hui d'évaluer le résultat d'un dynamitage réalisé en 1917 pour des fins de transport du bois jusqu'à l'**usine** de pâtes située à son embouchure ; drave et profit obligent !

Il faut reconnaître que le site du **canyon de la Sainte-Anne** vaut aussi d'être visité. Empruntant la zone de faiblesse géologique soulignée par la faille qui limite le bouclier canadien, la rivière met à nu les roches granitiques, calcaires et schisteuses qu'elle semble avoir sculptées avec une violente imagination : gorges, défilés, marmites de géant, chaos rocheux. Des sentiers des deux côtés de la rivière, plusieurs belvédères et trois passerelles permettent d'apprécier le numéro de la fin de notre rivière vedette.

Quiconque s'intéresse aux chutes sera servi dans la région. Elles sont nombreuses : la chute **Larose** et le saut à la Puce méritent un petit détour. La région est un pays de « patenteux ». Ayez l'œil ouvert pour apprécier leurs petits chefs-d'œuvre.

Page suivante :
Des gratte-ciel pour oiseaux : une idée de patenteux.

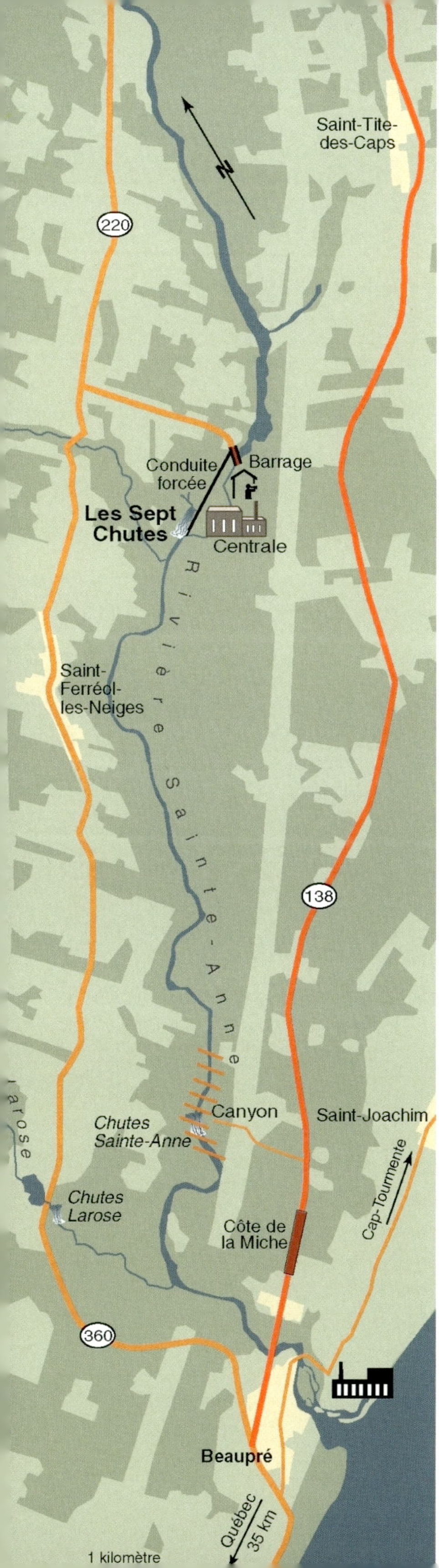

Saint-Tite-des-Caps
N
220
Conduite forcée
Barrage
Les Sept Chutes
Centrale
Rivière Sainte-Anne
Saint-Ferréol-les-Neiges
138
Canyon
Saint-Joachim
Chutes Sainte-Anne
Cap-Tourmente
Larose
Chutes Larose
Côte de la Miche
360
Beaupré
Québec 35 km
1 kilomètre

Comment s'y rendre ?

À 3 km à l'est de Saint-Ferréol-les-Neiges, on quitte la Route 360 par une courte bretelle, à droite, qui mène en quelques minutes au site des Sept Chutes. Le canyon de la Sainte-Anne, quant à lui, est accessible à partir de la Route 138, immédiatement après la montée de la côte de la Miche qui gravit le cap Tourmente.

Airs de famille

chez nous

Près de Saint-Zénon, en Matawinie, la rivière Noire dévale aussi ses Sept Chutes; la dernière, question de faire mentir le nom de la rivière, est surnommée « le Voile de la mariée ».

ailleurs

Au moins sept États américains ont leurs *Seven Falls:* l'Arizona, l'Arkansas, la Californie, le Colorado, le Connecticut, Hawaii et le Texas.

Pour en savoir plus

Pour une description des rivières et chutes de la région :

DUBÉ, Jean-Claude. *Géomorphologie de la côte de Beaupré,* thèse de maîtrise, Université Laval, 1965, 245 pages.

Les oies et les gens. . . de Félix

En humant le nordet du haut de la tour d'observation de Saint-François, sur l'île d'Orléans, Félix Leclerc a souvent vu les oies blanches arriver, puis repartir. Et il les a chantées.

« Sur les battures
Au mois de mai, à marée basse
Voilà les oies

Depuis des siècles
Au mois de juin
Parties les oies

Mais nous les gens
Les descendants de La Rochelle
Présents tout l'temps
Surtout l'hiver »

Félix Leclerc
Le tour de l'île

Le cap Tourmente

Rencontres et confins

Il est peu d'endroits au Québec où le mot « rencontre » prend autant de sens qu'au cap Tourmente. Fleuve, montagne, plaine et marais s'y conjuguent pour souligner que là, précisément, se rencontrent deux des grandes régions géographiques du pays : les basses terres du Saint-Laurent et le bouclier canadien. Forêt boréale de conifères et forêt de feuillus y encadrent les plaines ouvertes en culture. Et devant, un fleuve qui, après avoir enveloppé de ses deux bras la grande île, devient un estuaire serti d'archipels. C'est là, aussi, que son eau douce devient salée. Un lieu où tout change. Un lieu frontière où l'on passe d'un plat pays agricole et précocement habité à un pays montagneux où les activités forestières ont longtemps dominé pour ensuite faire place aux activités sportives. Un coin de pays prédestiné à retenir les voyageurs. Les oies blanches en savent quelque chose…

L'escale des grandes voyageuses du ciel

Pour compenser la tourmente du cap, la quiétude de la plaine.

Si, revenant de la Côte-Nord ou d'Europe en avion, au printemps ou en automne, vous voyez par le hublot de grands draps blancs flotter doucement entre vous et le fleuve, au-dessus du cap Tourmente, ne croyez pas aux fantômes ; ne pensez pas que l'hiver est revenu ou qu'une traînée de nuages balaie le littoral en rase-mottes. Ce sont bel et bien des nuées d'oies blanches, fidèles à leur rendez-vous bisannuel.

Le cap Tourmente est en effet une terre de transit pour ceux qui voyagent, sur la terre comme au ciel. Passage obligé des gens qui, de l'ouest du Québec, se dirigent vers les hauteurs de Charlevoix ou vers la Côte-Nord, c'est aussi le lieu de transit de ces grandes voyageuses que sont les oies des neiges qui, depuis des millénaires sans doute, ont fait de ce lieu précis leur escale bisannuelle au mitan du long voyage qui les conduit, au rythme des saisons, de l'Alabama jusqu'à la terre de Baffin.

Chaque printemps, elles sont presque un million à venir refaire leurs forces sur les **battures de la pointe aux Prêtres,** leur restaurant naturel : 10 % d'entre elles bivouaquent au cap Tourmente. Au menu : le scirpe d'Amérique, une plante aquatique qui y abonde. Après leur halte, elles auront encore 3 000 km à parcourir avant d'atteindre leur lieu de nidification dans l'Arctique. À l'automne, elles y reviennent, avec leur progéniture dont l'importance varie considérablement selon les conditions climatiques. Le succès de la chasse est à l'avenant…

Mais il n'est pas nécessaire d'être chasseur pour fréquenter ce théâtre à ciel ouvert où l'œil, l'oreille (et, pour les chasseurs, l'estomac) sont conviés. Le gouvernement canadien a créé en 1978 la **réserve nationale de faune du Cap-Tourmente** pour travailler à la mise en valeur du site. On y a installé un centre d'interprétation qui offre diverses activités intérieures et extérieures durant la belle saison.

Auriez-vous la patience de les compter ?

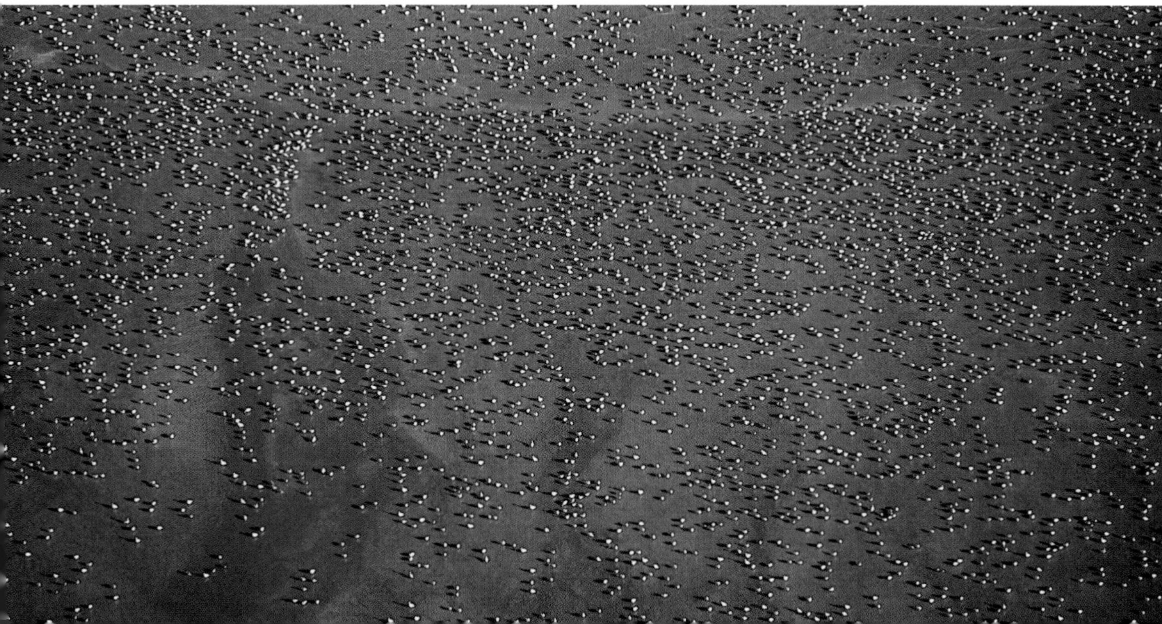

Le carrefour des grandes unités géographiques

Multiples confins : bouclier canadien, plaine du Saint-Laurent, île d'Orléans, Appalaches.

Bout du monde, disons-nous. On peut en effet mettre le doigt sur l'endroit précis où meurt la plaine du Saint-Laurent, ce long triangle qui s'étire depuis l'ouest du Québec jusqu'au pied du **cap Tourmente** et où se rencontrent montagne, mer et plaine. C'est au cap Tourmente que les hautes terres laurentiennes confinent au fleuve, qui les longera jusque dans le golfe et même jusqu'à l'Atlantique. C'est aussi du haut des 579 m du cap que l'on aperçoit bien les Appalaches dont le profil se dessine à l'horizon sud, faisant de cette région le point de rencontre de trois des grandes unités géographiques de l'Amérique du Nord : le bouclier canadien, la plaine du Saint-Laurent et les Appalaches.

Ici, la nature n'a pas été que généreuse, elle s'est aussi permis un peu de pédagogie, car le cap Tourmente, qui recèle d'importants souvenirs géologiques, livre sur son rebord, pour qui observe bien le paysage, une information qui autrement resterait secrète, si ce n'est pour les géologues qui ont fouillé ses entrailles. Il découvre nettement la ligne de faille qui le sépare des basses terres du Saint-Laurent. Soulignée par un **abrupt** presque vertical, la falaise, tel un mur, découpe le précieux laboratoire de sciences naturelles que constitue la région du cap Tourmente.

Les amants de la flore seront bien servis. Le long des 18 km de sentiers qui sillonnent le territoire de la réserve, l'observateur pourra admirer, sans les cueillir, quelques-unes des 400 espèces végétales qu'on y a dénombrées. Quant à la faune ailée, même si les oies des neiges captent toute l'attention, elles ne sont pas seules : on a recensé dans le secteur pas moins de 250 espèces d'oiseaux et 45 espèces de mammifères. Bonne visite et bonne observation !

Le château Bellevue, aux couleurs hivernales du Saint-Laurent.

Profitez-en pour visiter . . .

Cette région est aussi une terre d'histoire. Les Amérindiens l'occupent depuis des millénaires. Mais c'est au moment de la fondation de Québec que le cap a reçu son nom actuel: en 1608, impressionné par les vents et les vagues du grand fleuve, Champlain l'a nommé « cap de Tourmente ». Depuis lors, les nouveaux arrivants ont occupé la côte qui s'étire depuis la ville jusqu'au cap, cette fameuse côte de Beaupré qui constitue aujourd'hui un véritable musée en plein air, tellement sont nombreux les témoins architecturaux de l'époque de la Nouvelle-France.

À Saint-Joachim, il ne faut pas manquer de visiter l'élégante petite église paroissiale et la Grande Ferme, qui abrite un centre d'interprétation du patrimoine. On aura vu, au passage, le **Petit Cap,** qui domine la plaine tel un îlot échoué sur les battures et sur lequel s'élève le **château Bellevue,** construit en 1776 sur les terres du séminaire.

C'est à Beaupré que la rivière Sainte-Anne aboutit au Saint-Laurent, après avoir sauté les dernières marches d'un escalier géant: la **chute Sainte-Anne** et les **Sept Chutes,** situées respectivement à 4 et 12 km en amont. Il faut aller les voir; elles offrent un spectacle impressionnant.

Comment s'y rendre?

Depuis Québec, le voyageur attentif aura emprunté l'avenue Royale, fière de son nom et des belles demeures du régime français qu'elle longe, jusqu'à Beaupré, d'où il obliquera vers Saint-Joachim, pour ensuite se diriger vers le pied du cap. De Beaupré, il peut continuer sa route (la 138) vers le nord-est ou, de Saint-Joachim, gravir l'ancienne **côte de la Miche** où, autrefois, bien des véhicules rendaient l'âme. Il pourra alors, du haut de ce belvédère naturel, admirer le splendide paysage qu'offrent le fleuve, son île et, au loin, la ville.

Le château Bellevue: un air de parenté avec le Petit Séminaire de Québec

Airs de famille

chez nous

À Montmagny ou à Baie-du-Febvre, les oies blanches sont au rendez-vous, mais pas les montagnes. Dans le fjord du Saguenay, on retrouve les caps, mais pas les oies blanches.

ailleurs

En Camargue, en France, viennent nicher hérons, sarcelles et flamants. On pense aussi au cap de Bonne-Espérance, en Afrique du Sud, jadis appelé le *cap des Tempêtes;* comme le cap Tourmente, il était redouté par les marins.

Pour en savoir plus

BOUCHARD, Léonard. *Le cap Tourmente et la chasse aux oies blanches,* Montréal, Fides, 1976, 159 pages.

MONGEON, Michel. *Guide d'interprétation géomorphologique de la réserve nationale de la faune de Cap-Tourmente,* 1980, 67 pages.

GUIMONT, Jacques. *La Petite Ferme du cap Tourmente, un établissement agricole tricentenaire : de la ferme de Champlain aux grandes volées d'oies,* Sillery, Septentrion, 1996, 230 pages.

L'hôtel de glace ne date pas d'hier...

À propos du Pain de sucre, James Macpherson Lemoine écrivait en 1885, dans ses *Monographies et esquisses*:

« Quelquefois, son intérieur se transforme, sous la main de l'homme, en un vaste et féérique palais, où tout est de glace : parquet, sièges, canapés, girandoles, tables même, tout excepté les sorbets et friandises appétissantes que l'on y sert moyennant finance. »

La chute Montmorency

Une dame blanche de toutes les saisons

Site emblématique de la région de Québec, coulant à même le bouclier canadien à quelques centaines de mètres à peine du Saint-Laurent, la chute Montmorency est un véritable personnage. Architecte, elle s'est creusé une niche profonde qu'elle continue de façonner. Artiste, elle joue les sculpteurs chaque hiver en faisant de ses embruns une pyramide de glace. Poète, elle ne se prive pas, depuis plusieurs siècles, d'alimenter contes, mythes et légendes, et d'inspirer nombre de peintres. Pensons à sa petite sœur, la chute mythique du Voile de la mariée.

Un paysage didactique

n exercice en prévision 'une éventuelle ascen- on de l'Himalaya ?

Comme le cap Tourmente, la chute Montmorency se situe à la jonction des trois grandes unités géographiques du Québec. Elle profite de cette situation privilégiée pour illustrer un véritable cours sur la géomorphologie du Québec. Il est de ces sites naturels que le géographe français Pierre Deffontaines qualifiait « d'exemples créés par Dieu pour les étudiants ». Il connaissait bien le Québec et sans doute pensait-il alors à la chute Montmorency. Ce lieu recèle en effet des témoins éloquents de son histoire, longue de plusieurs millions d'années.

Avec la puissance que lui procure son débit de 30 m^3 par seconde, elle a facilement érodé les roches tendres coincées entre les Laurentides et le Saint-Laurent et s'est ainsi enfoncée vers l'intérieur sur environ 500 m pour atteindre les roches dures du bouclier canadien, vieilles de plus de 500 millions d'années. Celles-ci ont davantage résisté à son action, de sorte qu'elle coule pratiquement sur la ligne de faille qui limite, du côté nord, les basses terres du Saint-Laurent. Le diagramme ci-dessous illustre son œuvre.

En amont de la chute, le site présente un autre chapitre de géographie qui révèle un tout autre phénomène, celui du *karst.* Ce mot d'origine balkanique désigne tout ce qui se rapporte à la roche calcaire et à son étonnante caractéristique qui est de fondre au contact de l'eau. Il s'agit bien sûr d'un processus lent ; au fil des millénaires, se sont construits des palais souterrains décorés de stalactites, de stalagmites et de concrétions. Sous la municipalité de Boischatel s'est élaboré tout un réseau de galeries qui totalisent plus de 3 km. C'est là le résultat d'un travail que la petite **rivière Ferry** a discrètement effectué en disparaissant de la surface pour réapparaître en une série de **résurgences** qu'un sentier bordant la rivière permet d'atteindre. On peut encore voir son **lit fossilisé**. Les autorités municipales ont poursuivi le travail didactique de la rivière et de la chute en donnant aux rues de Boischatel des noms qui constituent toute une nomenclature de phénomènes karstiques : rue des Calcaires, des Grottes, des Dolines, des Résurgences, des **Marmites,** des Dallages (évoquant les **roches plates** et les **marches naturelles**), des Crans, des Carrières, etc.

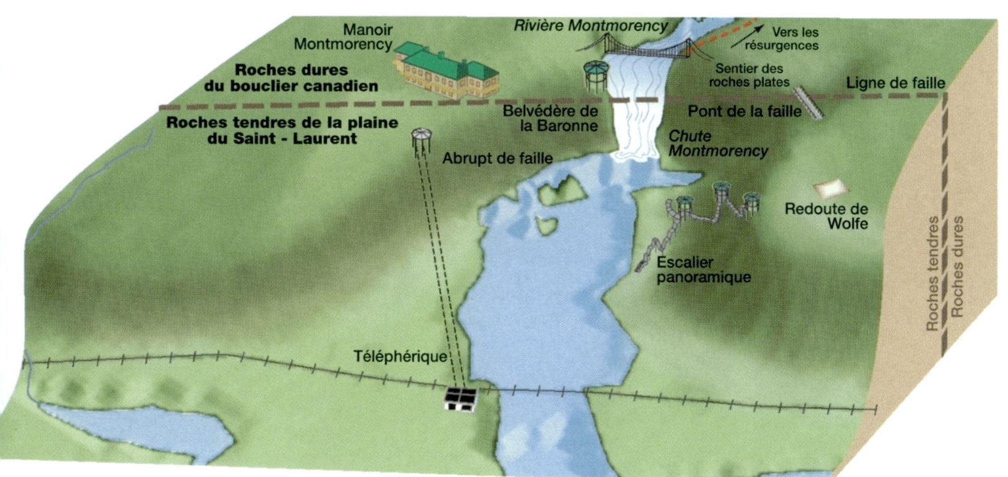

Apprivoiser l'hiver

Les Québécois ne veulent pas faire mentir Vigneault qui chante « mon pays [...], c'est l'hiver ». La chute Montmorency les aide à faire de la saison froide une ressource et un plaisir. La cristallisation de la vapeur d'eau qui se dégage de la chute forme progressivement, de janvier à mars, une montagne de glace qui tient lieu de gigantesque glissoire et qu'on appelle le **Pain de sucre,** pour le plus grand amusement des enfants et l'inquiétude des parents. Un rare exemple de relief saisonnier.

Des parois rocheuses qui flanquent la Montmorency suintent en permanence une infinité de petites sources qui, figées par le froid, forment de chaque côté de la chute des cataractes silencieuses auxquelles s'attaquent volontiers les apprentis alpinistes, toujours sous bonne surveillance.

Bastions, manoirs, moulins et fabriques

Après que le site eut exercé des fonctions militaires lors de la guerre de la Conquête, ce dont témoignent aujourd'hui les vestiges de la **redoute de Wolfe,** il n'y a rien de surprenant à ce qu'un site aussi majestueux ait attiré très vite les amateurs de la nature qui avaient les moyens de s'y construire des observatoires princiers. Le gouverneur Haldimand, un francophone d'origine suisse, est en 1780 le premier d'une série de prestigieux propriétaires qui s'installent à portée de son de la chute. L'un d'entre eux, le duc de Kent, fils du roi George III, donnera son nom au domaine qui surplombe le gouffre, la Kent House.

Tout en bas, des activités économiques profitent de l'énergie que fournit la chute. Y apparaît d'abord une scierie mue par la puissance hydraulique. Puis, à la fin du XIXe siècle, le pouvoir électrique a tôt fait d'attirer une usine textile qui sera prospère pendant près d'un siècle. En 1985, cette aventure était terminée.

Richesse et loisir en haut, misère et travail en bas, ce que réconciliaient sans doute les prières émanant de la **chapelle protestante St. Mary.** Mais avec le temps, les besoins changent et les services s'adaptent. En 1901, la Kent House devient un hôtel. Un demi-siècle plus tard, les dominicains s'y installent. Depuis 20 ans, cette résidence a repris sa fonction d'accueil et d'animation sous le nom de **manoir Montmorency**.

La rivière Montmorency a creusé son lit dans la roche tendre jusqu'à ce qu'elle atteigne le roc dur du bouclier canadien que la chute découvre ostensiblement.

Pour le plaisir des yeux et des oreilles

Le grondement de la chute accompagne sans répit le spectacle éblouissant qu'offre le site. En amont de la chute, des sentiers vous mèneront aux résurgences, là où, après un trajet dont les spéléologues ont maintenant percé le mystère, les eaux de la rivière Ferry réapparaissent. Écoutez leur chant, comme un murmure émanant de la pierre. Mais il est aussi des moments privilégiés où le plaisir des yeux s'ajoute à celui des oreilles. Chaque été, le Théâtre de la Dame Blanche et le Festival des feux d'artifice apportent à ce lieu leur brillante contribution.

Et tout près des chutes...

de la main de Dieu

Les résurgences: la rivière Montmorency reçoit une douzaine de ruisseaux surgis de la roche; c'est la réapparition de la rivière Ferry disparue sous terre quelque 500 m en amont.

Les roches plates pavent le lit qu'a abandonné la rivière Ferry pour se réfugier sous terre. **Le Voile de la mariée**, petite sœur de la chute Montmorency, est tout aussi chargé de légende.

de la main de l'homme

Le manoir Montmorency, l'ancienne Kent House, qui offre une vue plongeante sur la chute et où un sentier mène au **belvédère de la Baronne.**

Le centre d'interprétation du parc de la Chute-Montmorency, d'où monte le **téléphérique** et d'où on aborde l'escalier panoramique.

Résidence, monastère, maison de retraite, restaurant, les fonctions se sont succédé dans ce qui est maintenant le manoir Montmorency.

Comment s'y rendre ?

Pour atteindre la chute par le haut, il vaut la peine, en sortant de Québec vers l'est, de suivre l'avenue Royale jusqu'au manoir Montmorency. Ce trajet permet d'admirer nombre de maisons anciennes bien conservées.

Le boulevard Sainte-Anne, qui longe les battures du Saint-Laurent, permet pour sa part d'atteindre plus rapidement le bas de la chute. À l'ouest de la rivière, le téléphérique amène le visiteur au manoir et, du côté est, l'escalier panoramique permet de gravir la falaise. Le pont de la chute assure aux piétons le lien entre ces deux secteurs du parc, en plus d'offrir une vue vertigineuse de la chute.

Airs de famille

chez nous

À Wendake, à 15 km derrière Québec, la rivière Saint-Charles dévale elle aussi le rebord du bouclier canadien pour former la chute Kabir-Kouba. En situation analogue à celle de la chute Montmorency, elle révèle, en plus petit, une semblable variété de phénomènes.

ailleurs

Les chutes Niagara, en Ontario, ne font qu'un peu plus de la moitié de la hauteur de la chute Montmorency mais, il faut bien le dire, elles sont 25 fois plus larges !

Pour en savoir plus

SÉPAQ, PARC DE LA CHUTE-MONTMORENCY. *Le Sault de Montmorency,* Québec, 1993, 16 pages, illustrations.

BÉLANGER, Yves et Pierre BOILY. « Le karst de Boischatel... », *Spéléo-Québec,* 1980, 1981 et 1982, vol. 7, 8 et 9.

La grand-mère pétrifiée

« *Un jour, le plus valeureux, qui était aussi le plus aventurier de la tribu, maria la fille unique du grand chef à qui, en retour, il devait apporter 100 belles peaux de bêtes. Le lendemain, il s'enfonça dans la forêt et ne revint jamais. Fidèle à son époux, la belle attendit sa vie durant, assise sur le rocher qui divisait les eaux turbulentes de la rivière. Au soir de sa triste existence, un éclair frappa et le rocher et sa vigie ; depuis lors, le roc et l'Indienne ne font qu'un. Approchez, vous entendrez une faible plainte qui vous serrera le cœur.* »

Légende amérindienne

Les chutes de Shawinigan

La première marche d'un escalier de géant

Lorsque le géant Windigo, personnage mythique de la croyance amérindienne, remontait, les pieds dans l'eau, la rivière Metaberoutin (le Saint-Maurice), qu'il réservait à son usage personnel, il avait quelques marches à gravir. Un chapelet de chutes ponctuait cet escalier de géant dont la première marche, en aval, est la chute de Shawinigan. Les humains, qui n'avaient ni la taille ni la force de Windigo, devaient emprunter, pour contourner ce spectaculaire obstacle, un « portage sur la crête », que signifie le mot *shawinigan* pour les Attikameks et les Abénaquis. Certains soutiennent cependant que ce mot signifierait plutôt « chemin près des chutes ».

Un lieu de contacts

Le Saint-Maurice, transporteur de bois et producteur d'énergie.

Aussitôt après les premiers contacts entre Amérindiens et Européens, des liens se tissèrent par un commerce de fourrures pour lequel le Saint-Maurice a vite constitué une voie d'échanges sur laquelle **Shawinigan**, le **portage** d'en bas, a été une des dernières étapes avant d'atteindre le poste de Trois-Rivières.

Puis le bois a remplacé les fourrures. Le **Saint-Maurice**, cet autre « chemin qui marche », était le passage naturel des immenses richesses forestières que recelait son généreux bassin, mais les chutes s'interposaient comme un implacable obstacle. L'homme s'attela donc à la tâche. Par son labeur et son imagination, dérivations, estacades et glissoires, tout un arsenal d'aménagements apparurent et permirent, à partir du milieu du XIXe siècle, d'y faire transiter le bois. Shawinigan devint ainsi un relais indispensable, ce qui marqua son inscription sur la carte industrielle du Québec.

Sa position lui conférait un nouveau rôle charnière entre deux grandes régions aux ressources complémentaires : l'arrière-pays, avec ses immenses réserves forestières, et la plaine, en bordure du fleuve, où l'arbre devient papier. La grande réussite industrielle que représente cette métamorphose a aussi pris les couleurs de l'art et de la poésie. En effet, comment ne pas l'associer à la valeureuse épopée de la drave et de l'acrobatique chorégraphie des *raftmen* qui, à fleur de billots, jouaient leur vie sur la rivière au bénéfice de riches industriels souvent étrangers ? Et comment ne pas ressentir une certaine nostalgie en écoutant la chaude voix de Félix chanter « les remous qui hurlent, les planchers qui roulent », et l'entendre dire du draveur : « dans sa tête, y'a des billots qui flottent, qu'il échang'rait pour un air de guitare… » ?

Aux périodes d'étiage apparaît le lit tourmenté de la rivière.

Après l'animal et le végétal, le minéral

Après les fourrures et le bois, le métal. Voilà l'image d'une consolidation industrielle qui doit sa fortune au fait qu'un obstacle naturel s'est transformé, au fil des ans, en source de pouvoir électrique. La construction de centrales hydroélectriques, à l'aube du XXe siècle, attirera à Shawinigan des industries énergivores : l'aluminium, le carbure de calcium, l'acétylène et les matières plastiques, sans oublier le bois, qui demandait à être transformé en pâtes et papiers. Durant tout ce siècle, le dénominateur commun de cette évolution multiforme demeure l'énergie, ce qui fait que très loin en amont, dans le vaste bassin du Saint-Maurice, on assiste au développement d'un réseau de centrales hydroélectriques qui fera la fierté d'Hydro-Québec.

La cité de l'énergie

Shawinigan est bien « la **Cité de l'Énergie** ». Cette expression désigne officiellement le centre d'interprétation qui a réuni, dans un périmètre accessible, ce qui permet de comprendre toute l'importance des ressources énergétiques du Québec et plus spécifiquement celles de la région. On y a construit une haute tour du sommet de laquelle on comprend la logique du paysage, c'est-à-dire la relation entre les divers éléments naturels et humains. Pour voir plus large encore et embrasser du regard l'ensemble de la région, de Grand-Mère à Trois-Rivières, rendez-vous au lac à la Tortue, à quelques kilomètres de Grand-Mère ; des hydravions vous y attendent.

Une grand-mère de pierre

Comme la légende qui l'entoure, le **rocher de Grand-Mère** a la vie dure. Bien avant l'arrivée des Blancs, on savait que le roc à visage de femme qui divisait alors en deux le cours de la rivière avait la mémoire longue. Et recelait, dans son for intérieur, un désir de pérennité. Pour éviter que les aménagements qui allaient l'affecter n'attirent quelque mauvais sort, on a récemment déménagé cette vénérable grand-mère au centre de la ville du même nom, séparée de Shawinigan par 5 km à peine.

L'histoire de la région... dans une église

En 1940, le peintre Ozias Leduc, gravement malade, promet au curé Arthur Jacob de décorer son église si ses prières le gardent en vie. Exaucé, il entreprend à 76 ans sa dernière grande œuvre ; il y consacrera les 15 dernières années de son existence. Par une magistrale fusion du sacré et du profane, Ozias Leduc a illustré, sur les murs de l'**église Notre-Dame-de-la-Présentation**, à **Shawinigan-Sud**, des scènes de la vie régionale où le semeur, le bûcheron, le chargeur de meule et le fondeur de métal personnifient la glorification du travail. Une visite incontournable !

Comment s'y rendre ?

Les autoroutes permettent souvent d'accéder rapidement à des lieux sur lesquels elles ferment les yeux. C'est bien le cas de l'Autoroute 40 qui, grâce à la bretelle de l'Autoroute 55, permet en moins de deux heures de Montréal ou de Québec de se retrouver tout près de Shawinigan.

Airs de famille

chez nous

Les chutes Sainte-Ursule, situées à une dizaine de kilomètres au nord-ouest du village du même nom, offrent un spectacle qui s'apparente à celui de Shawinigan, à cette différence près que c'est la nature qui a ici changé le cours de la rivière en le soumettant aux effets d'un cataclysme bien antérieur à la venue de l'homme.

ailleurs

À Schaffhausen, en Suisse, le majestueux Rhin rencontre lui aussi un obstacle. Un rocher divise son cours et forme un paysage étrangement analogue à celui qu'offrait le rocher de Grand-Mère avant qu'on l'exile.

Pour en savoir plus

BELLAVANCE, Claude. *Shawinigan Water and Power, 1898-1963. Formation et déclin d'un groupe industriel au Québec*, Montréal, Boréal, 1994, 446 pages.

LEMELIN, André. *Shawinigan. Un siècle d'énergie*, Beauport, Publications MNH, 2001, 126 pages.

MARTIN, Lévis. *Ozias Leduc et son dernier grand œuvre*, Montréal, Fides, 1996, 191 pages.

Un topo de l'arpenteur en chef

« À peu de distance de l'Ottawa se trouvent les deux montagnes remarquables qui donnent le nom à la seigneurie et au lac ; l'une d'elles, nommée le mont Calvart, présente sur son sommet les restes de quelques bâtiments qui ont longtemps porté le nom des Sept Chapelles ».

Joseph Bouchette

Description topographique de la province du Bas-Canada avec des remarques sur le Haut-Canada et sur les relations des deux provinces avec les États-Unis de l'Amérique

Le Calvaire d'Oka

Un lieu de prière et de plaisir

À Oka, le spirituel et le matériel font bon ménage. Les moines de l'**abbaye cistercienne** ont donné l'exemple ; ils se sont longtemps adonnés, entre matines et vêpres, à un labeur qui leur assurait le paradis tout en procurant aux gourmets le plaisir de déguster le fameux fromage de la trappe qui, à son heure, fut emblématique de la production fromagère du Québec. On pouvait alors répéter ce mot sublime du célèbre gastronome Curnonsky, enivré par le fumet d'un grand fromage : « Ah ! Les pieds de Dieu ! »

La dévotion au fromage d'Oka se doublait d'une dévotion d'un autre ordre qui, elle aussi, avait son pendant profane. Le **Calvaire d'Oka**, ouvert à tous les fidèles, a de tout temps attiré aussi des sportifs aimant la nature pour elle-même plutôt que pour son Créateur. Il trône d'ailleurs au sommet d'une colline au pied de laquelle un parc récréotouristique étale son invitation à la détente et à de sains divertissements : piste cyclable, plage sablonneuse, sentiers d'interprétation, tour d'observation, camping et diverses autres activités.

Une nature généreuse

Dans son écrin forestier, un havre de paix et de recueillement

La rivière des Outaouais, en débouchant dans le **lac des Deux Montagnes**, s'apprête à mêler ses eaux avec celles du Saint-Laurent et à alimenter cette confluence en alluvions qui forment le grand delta de Montréal, dont la rivière des Mille Îles, toute proche, est un des bras. Une rivière qui devient lac au pied de mamelons montagneux, témoins avancés du bouclier canadien tout proche ; voilà qui compose un environnement varié, offrant les avantages complémentaires d'une plaine fertile et d'une forêt encore riche en ressources.

L'homme a su tirer parti de cette nature généreuse et chaque élément naturel a son vis-à-vis créé par le savoir-faire humain. La région se retrouve ainsi dotée de marais et de vergers, de boisés et d'érablières, de fleurs des champs et de pépinières, de faune sauvage et d'animaux d'élevage. Si vous vous lancez dans la facile ascension du mont du Calvaire, vous découvrirez, du sommet, un vaste panorama qui témoigne de la variété du lieu : rivière, lac, forêt, village, église, traversier, champs et vergers ; une carte géographique grandeur nature.

Le temps conserve autant qu'il détruit…

Au temps de l'évangélisation

Concessionnaires depuis 1717 de la seigneurie du Lac-des-Deux-Montagnes, les messieurs de Saint-Sulpice, dans leur élan évangélisateur, entreprennent, une vingtaine d'années plus tard, de mettre à la disposition des Amérindiens un parcours spirituel ponctué de sept stations représentant chacune une scène de la Passion du Christ. Ainsi naquit le Calvaire d'Oka, à une époque où ce genre de mobilier religieux était fort populaire en Europe. Presque trois siècles plus tard, les sept constructions de pierre – trois chapelles et quatre oratoires – sont encore là pour témoigner d'une pratique religieuse qui y attirait, à la fin du XIXe siècle, des dizaines de milliers de pèlerins par année, dont plusieurs arrivaient de Montréal par bateau.

Détail de *La rencontre de sainte Véronique,* une œuvre de François Guernon dit Belleville.

La ferveur religieuse n'est plus ce qu'elle était et le respect des objets de piété non plus. Des vandales (que Satan ait leur âme !) ont gravement endommagé les œuvres peintes et sculptées des constructions qui, elles, ont été préservées et restaurées grâce à l'intervention du gouvernement du Québec, qui les a acquises. Quant au contenu, par exemple les bas-reliefs en bois polychromes du sculpteur François Guernon qui avaient remplacé les peintures originelles importées de France, c'est au presbytère de la paroisse et dans la chapelle Kateri-Tekakwitha qu'on peut maintenant les admirer.

Aujourd'hui

Si vos convictions religieuses ne vous dictent pas de faire le chemin de la Passion, faites tout de même ce sentier qui, outre ces beaux vestiges de l'histoire religieuse du Québec, vous offrira, au fil de ses quelque 5 km, une flore variée, d'intéressants points de vue et divers aménagements pour agrémenter le parcours. Celui-ci constitue aujourd'hui l'élément vedette du **parc national d'Oka** auquel s'est récemment ajoutée une réserve de chasse et de pêche.

L'environnement humain a lui aussi évolué. À la fin du régime français, plusieurs nations amérindiennes y étaient présentes : Algonquins, Nipissingues, Hurons et Iroquois (Mohawks). Seuls ces derniers y sont encore, à **Kanesatake**.

Des vergers pour rappeler le jardin des Oliviers ?

Autour d'Oka

Vous cherchez un havre de paix ? Sachez que l'**abbaye cistercienne** d'Oka a longtemps admis visiteurs et pensionnaires. Ceux que la musique religieuse inspirait étaient bien servis. Mais hâtez-vous d'y passer, car les pères, en quête d'une quiétude qui répond à leurs vœux, songent à déménager.

De l'autre côté de la rivière des Outaouais, Hudson se présente un peu comme une antithèse de la discrète simplicité d'Oka en offrant une gamme de boutiques, de cafés, d'ateliers d'artisans et d'artistes ainsi que des marchés extérieurs.

Le monastère, autre pôle religieux d'Oka, que les pères trappistes s'apprêtent à quitter.

Comment s'y rendre ?

Une fois rendu à l'extrémité ouest de l'Autoroute 640, 2 km de route vous séparent du monastère des pères trappistes. Le parc, le village et la colline suivent, tout près. Ou faites comme les pèlerins d'autrefois, arrivez par bateau : après avoir longé par l'autre côté la rivière des Outaouais depuis Vaudreuil-Dorion, un sympathique traversier à câble vous attend au petit village de Como ; en 10 minutes, à travers yachts et voiliers, vous êtes à Oka. L'hiver, empruntez le pont de glace.

Airs de famille

chez nous

À Sainte-Anne-de-Beaupré, près de Québec, un chemin de croix serpente aussi à flanc de coteau, d'où on découvre la basilique, le fleuve et l'île d'Orléans.

ailleurs

Au début du XVIIIe siècle, on inaugurait, à Ouro Preto, une ville brésilienne du patrimoine mondial, un calvaire devenu mondialement célèbre. Les autochtones y étaient aussi pour quelque chose, car le sculpteur en était un.

Pour en savoir plus

CLOUTIER, Nicole. « Calvaire, Oka » dans *Les chemins de la mémoire, tome II,* Québec, Les Publications du Québec, 1991, p. 403-404.

Dans le numéro de juin 1997 (vol. 3, n° 1) de la revue *Histoire Québec,* quelques bons articles traitent de la région et de ses attraits.

Le testament de Mackenzie King

« Je lègue par les présentes au Gouvernement du Canada en tant que parc public et au bénéfice des citoyens du Canada [...] mes nombreuses propriétés de Kingsmere, dans la province de Québec, qui s'élèvent à près de cinq cents (500) acres ainsi que les maisons et autres édifices là érigés. »

Cité dans *Promenades historiques dans le parc de la Gatineau* de Katharine Fletcher

Le parc de la Gatineau

Le poumon de la capitale canadienne

La capitale du Canada est située en Ontario, mais la Commission de la capitale nationale, qui constitue le cadre territorial de son aménagement par les autorités fédérales canadiennes, est à cheval sur deux provinces. Le côté québécois offrant des reliefs dont est privée la portion ontarienne, il était naturel que le gouvernement y aménage un parc où éléments géographiques et symboles politiques s'articulent pour offrir une vaste gamme d'activités à la population des villes jumelles de Gatineau et Ottawa, qui atteint presque le million d'âmes. Il y en a pour tous les goûts : interprétation de la nature, activités de plein air, vestiges historiques ayant été témoins de la vie quotidienne des modestes citoyens comme des grands de la vie publique, etc.

Une nature généreuse

L'escarpement d'Eardley marque la limite entre le bouclier canadien et la vallée de la rivière des Outaouais.

Dans la région, la nature dévoile ses charmes ; quiconque veut bien porter un regard attentif sur ses angles et ses courbes fera un parallèle avec le cap Tourmente, qui exhibe ses entrailles par un abrupt de faille. L'**escarpement d'Eardley** fait de même en soulignant la limite sud-ouest du parc, qui se développe sur les premiers contreforts du bouclier canadien fait de roches très anciennes et dures, d'où sa résistance à l'érosion et ses formes montueuses.

Parfois, cependant, la roche a cédé aux attaques du glacier et ses fissures sont devenues des cavernes. Dans le parc, la caverne Lusk est une réplique en plus petit de la caverne Laflèche ; comme celle-ci, elle est creusée dans le marbre.

Sur ce haut rebord ont été aménagés des **belvédères** d'où l'on voit se dérouler, en contrebas, un vaste panorama de plaine. La rivière des Outaouais, qui trace une frontière entre les deux provinces, y coule paisiblement et assiste à l'envahissement progressif, par l'étalement urbain, des terres agricoles qui la bordent.

Parsemé d'une cinquantaine de lacs drainés par un abondant réseau de ruisseaux et de rivières, le parc constitue de ce fait un milieu favorable à la présence de plusieurs variétés de poissons et de nombreux oiseaux aquatiques. Tout autant que les amphibiens dont le coassement annonce le soir qui penche, la gent ailée contribue agréablement à la sonorité des lieux : le martèlement des pics et la longue plainte des huards animent l'air des bois sous le regard planeur de ce vautour d'Amérique qu'est l'urubu à tête rouge.

Les mammifères ne sont pas en reste. On estime à environ 2 000 le nombre de castors qui édifient inlassablement cabanes et barrages pour s'offrir en modèles aux humains travaillant à l'aménagement du parc, qui vise à protéger la cinquantaine d'espèces de mammifères qui habitent les lieux, plusieurs d'entre elles étant menacées ou vulnérables. Le cerf de Virginie n'est cependant pas du nombre, car il est aussi présent ici qu'ailleurs au Québec. On en compte près de 2 000 dans le parc. Quant au loup, il se fait parfois entendre, mais on ne le voit guère.

Le parc est aussi une réserve forestière dont les trois quarts de la superficie sont boisés. Les peuplements végétaux sont variés, parfois sertis de prés, de champs ou de marécages, ce qui ajoute à l'intéressante complexité de l'écosystème local.

Les ogives du parlement d'Ottawa ont-elles inspiré Mackenzie King dans la décoration de son repaire ?

L'empreinte d'un premier ministre romantique

À l'image du Canada, qui a constitué son territoire par des additions successives, William Lyon Mackenzie King a progressivement agrandi le petit terrain qu'il avait acquis en 1903 et y a finalement construit un chalet. Sa longue carrière politique – de tous les premiers ministres du Canada, Mackenzie King est celui qui a occupé ce poste le plus longtemps – a fait naître chez lui un irrésistible besoin de se ressourcer dans un décor mariant nature et histoire. En 1928, il déménage au **lac Kingsmere** à Moorside, où il exploite une propriété aujourd'hui connue sous le nom de **domaine Mackenzie-King.** Il a imaginé et réalisé là une étrange composition de rocailles, de plates-bandes fleuries, de sentiers forestiers, de reconstitutions de ruines antiques, de coins secrets pour se recueillir et communiquer avec ses mânes. Un domaine à l'image de sa personnalité peu banale, presque mythique. Faites comme Winston Churchill et Charles Lindbergh : visitez-le.

Un territoire vibrant d'histoire

Loin de la politique, près de la nature, le domaine Mackenzie-King.

Si le domaine Mackenzie-King constitue la vedette du parc, il est loin d'être le seul témoin de l'histoire régionale riche en activités et en événements divers. Cependant, les autres témoins sont souvent discrets ; la toponymie constitue alors à cet égard une mémoire précieuse et bien présente sur les cartes et dans l'usage.

Le **lac Meech** rappelle la mémoire d'Asa Meech, un prédicateur qui fut père de 21 enfants et dont la maison est la plus ancienne du parc. Le **lac Pink** porte le nom d'une famille pionnière dont la demeure de brique est toujours visible. Le **lac Mousseau** a quant à lui déjà été désigné sous le vocable de « Harrington », les deux noms étant ceux de pionniers d'allégeance partisane différente ; la toponymie imita la politique et le nom du premier évinça celui du second. Bien d'autres lieux rappellent eux aussi le souvenir des premières familles : Mulvihill, Philippe, Hope, Lusk, etc. Une litanie en l'honneur de la petite histoire.

Un lieu de mémoire multiple : le lac Meech.

Et autour...

À moins de 20 km au nord de Gatineau, vous pouvez visiter les deux étages de chambres, de tunnels et de dômes qui composent la caverne Laflèche, la plus vaste de tout le bouclier canadien. L'hiver, plafonds et parois de marbre se parent de stalactites de glace. Cette blanche merveille peut parfois se piqueter de petites taches brunes... Ce sont des chauves-souris. Ne craignez rien, elles sont tout à fait inoffensives.

Le parc de la Gatineau n'aurait sans doute pas été l'objet de tant de sollicitude du gouvernement canadien s'il ne constituait pas le poumon de la capitale canadienne, de l'autre côté de la rivière des Outaouais. Près du **Musée canadien des civilisations**, prenez le pont et visitez Ottawa, une ville savamment aménagée et d'une agréable tranquillité.

Le lac Pink n'est pas rose ; il porte simplement le nom d'un pionnier.

Comment s'y rendre?

On peut accéder au parc à partir du centre-ville de Hull pour visiter les lacs Pink et Meech ou le domaine Mackenzie-King. Le Centre des visiteurs est pour sa part situé à Chelsea, à quelques kilomètres plus au nord. Cette entrée comporte l'avantage de fournir renseignements et documentation sur la large gamme d'activités qu'offre le parc. Ceux qui pratiquent le camping et recherchent une nature plus sauvage emprunteront les entrées nord du parc, près de Sainte-Cécile-de-Masham et de Saint-François-de-Masham.

Airs de famille

chez nous

À plusieurs égards, le parc national de la Jacques-Cartier est à la capitale québécoise ce que le parc de la Gatineau est à la capitale canadienne. Dans les deux cas, cependant, l'air pur de la forêt laurentienne est au rendez-vous.

ailleurs

Dans le district fédéral de Mexico, le parc de Chapultepec, bénéficiant comme celui de la Gatineau d'un relief attrayant, se pare d'aménagements divers, de musées, de résidences de fonction, de belvédères et de sentiers pour le plaisir et le repos des *capitalinos.*

Pour en savoir plus

FLETCHER, Katharine. *Promenades historiques dans le parc de la Gatineau,* Guyon, Chesley House Publications, 1998, 149 pages.

Le Centre des visiteurs, situé à Chelsea, met en vente plusieurs documents concernant le parc et ses attraits, dont les titres suivants: *Le parc de la Gatineau, un portrait intime* et *Promenades historiques: domaine Mackenzie-King.*

Le jardin du Québec

Le jardin du Québec

D'une certaine manière, la plaine du Saint-Laurent est au Québec ce que la Touraine est à la France. Traversée par un fleuve nourricier, cette région a mérité le surnom de « Jardin de la France ». La partie centrale du Québec mérite sans doute un surnom équivalent, car le Saint-Laurent, comme la Loire, marie l'histoire et la géographie ; de ce fait, n'aurait-elle pas droit au surnom de « Vallée des seigneurs » pour faire pendant au noble titre de « Vallée des rois » qui honore la vallée de la Loire ?

Si les seigneuries du régime français s'y sont développées, c'était sans doute parce que la géographie offrait aux arrivants européens une terre fertile où ils espéraient recréer, d'une certaine manière, leurs paysages agricoles familiers. Le pays avait à cet égard beaucoup à leur offrir : d'abord un fleuve qui en était pour ainsi dire l'artère vitale. Mais aussi, de part et d'autre, une plaine qui, depuis le golfe où elle n'est plus qu'un mince rappel de ce qu'elle est en amont, s'ouvre largement, au nord comme au sud de l'île de Montréal pour former ce que l'on pourrait appeler le « jardin du Québec ». C'est là que l'agriculture québécoise s'est développée.

Mais c'est aussi là que la Nouvelle-France a pris naissance, au pied du **cap Diamant**, face à l'**île d'Orléans**. En remontant le « fleuve qui marche », comme l'a fait Champlain qu'avaient impressionné les rapides en face du **cap Lauzon**, on arrive au **mont Royal**. De son sommet, on peut contempler les multiples directions vers lesquelles l'agglomération naissante de Montréal a étendu ses intérêts. En regardant vers le nord, on se rappellera qu'à l'époque de la traite des fourrures, le relais de l'**île des Moulins** permettait aux aventuriers de poursuivre leur route vers les territoires nordiques. En admirant le vaste paysage qui se déploie au sud, on devine au loin, près du **canal de Lachine**, un célèbre bâtiment qui raconte leur histoire. On se souviendra aussi qu'à une certaine époque, il fallait se protéger contre diverses attaques : le **fort Chambly** est là pour le rappeler.

Le jardin du Québec a ceci de particulier qu'il se prolonge loin vers l'est, enserré entre deux rives qui l'escortent jusque dans le golfe. Il se réfugie alors dans des îles formant un impressionnant cortège de relais historiques qui ont beaucoup à raconter : la **Grosse Île**, avec les émouvants souvenirs de ses immigrants en quarantaine ; l'**île Verte**, avec ses sympathiques survivances culturelles ; l'**archipel de Mingan**, dont l'extraordinaire fantaisie rocheuse peut faire oublier l'importance historique ; et l'**île d'Anticosti**, dont l'histoire personnalisée est tout simplement exceptionnelle.

Tous ces lieux sont riches d'histoire. Pour y ajouter une touche géographique, il faut jouer avec les saisons. L'hiver venu, offrez-vous une visite dans une de ces sympathiques cabanes qui peuplent la rivière en face de **Sainte-Anne-de-la-Pérade** ; les petits poissons des chenaux vous y attendent. Si le froid vous contrarie, profitez de l'été pour visiter, dans les îles du lac Saint-Pierre, les chenaux parallèles au **chenal du Moine**. Vous y découvrirez des paysages inconnus ailleurs au Québec.

Le jardin du Québec vous invite à visiter 13 de ses sites qui racontent l'histoire d'une géographie favorable.

Un navire à l'ancre

« *Ce "navire à l'ancre", comme il se plaisait à appeler son île qu'il visualisait bien solide et amarrée dans le golfe Saint-Laurent, il aurait parfois aimé le remorquer dans un coin plus accessible pour permettre à tout un chacun de découvrir tout ce qui s'y cachait de merveilleux.* »

Préface au livre
de Charlie McCormick
intitulé *Anticosti*

L'île d'Anticosti

Chevreuils, épaves et chocolat

Que peuvent avoir en commun chevreuils et épaves ? Les premiers peuplent l'île d'Anticosti, les seconds l'encerclent. Quant au chocolat, il a fait la fortune d'un personnage haut en couleurs, le chocolatier français Henri Menier, qui a pour ainsi dire mis l'île d'Anticosti sur la carte. Cette île, en rade là où l'estuaire du Saint-Laurent devient golfe, constitue l'extrême avancée de la plaine du Saint-Laurent vers l'est et, comme les îles de la Madeleine, une sentinelle géographique du Québec postée devant l'entrée du Saint-Laurent.

Le cimetière du golfe

La rivière Vauréal s'est creusé un étroit corridor dans le calcaire de l'île.

Jacques Cartier ne fut pas le premier à affronter les courants, les brumes, les hauts-fonds et les récifs de ce pays maritime, bouffeur insatiable de vies humaines. Explorateurs et marins lui ont en effet payé un lourd tribut, souvent poussés par les vents vers les longues battures qui cernent sournoisement l'île dont les rebords sont pourtant bien découpés en falaises vives. Anticosti constitue un des plus grands cimetières marins au monde. Durant les XIXe et XXe siècles, on y a dénombré plus de 175 naufrages. Plusieurs épaves jonchent encore le pourtour de l'île ; leur lente submersion donne la mesure des temps longs qui sont ceux de ces espaces perdus aux marges du pays et qui rappellent que des dizaines d'autres gisent au fond de la mer.

Port-Menier, une étape obligée

Pour aborder et apprécier l'histoire de cette terre lointaine perdue en mer, tout comme pour aborder l'île physiquement, le nom de « Menier » est pour ainsi dire une clé. Qu'on y accède par mer ou par air, c'est à **Port-Menier** qu'on arrive. Ce seul village de l'île porte le nom d'Henri Menier, qui a tant aimé ces lieux que son rêve de posséder une île loin du monde des affaires où il avait vécu jusque-là est devenu une réalité qui a eu son heure de gloire.

Homme de projets, il a d'abord dressé une liste des édifices qui devaient constituer le premier vrai village de l'île : hôpital, bureau de poste, hôtel, bureaux, scierie, ferme, abattoir, boulangerie, etc. Puis il s'y est construit un manoir de 30 pièces décoré à l'européenne avec lustres, tapisseries et enfilade de têtes de cerfs. Il y vécut par intermittence, question de surveiller le développement de son île où, durant la première décennie du XXe siècle, scieries, écorceurs, hangars, chemins de fer et quais poussent comme des champignons, car l'exploitation de la forêt prend alors le relais de la pêche. Que reste-t-il de tout cela aujourd'hui ? De belles photographies pour alimenter la nostalgie d'une époque où des magnats pouvaient exporter leur goût des grands espaces et des intérieurs raffinés jusque dans les solitudes de la Terre de Caïn.

En attendant les chasseurs…

Les mascottes de l'île

C'est encore ce même M. Menier qui introduisit le cerf de Virginie dans l'île. Les quelque 200 bêtes qu'il y amena ont bénéficié à la fois d'un climat qui leur convient bien et de l'absence de prédateurs. Depuis lors, leur nombre s'est multiplié par 500 et ils constituent aujourd'hui le plus gros troupeau de chevreuils de l'Amérique du Nord. Certains hivers difficiles, on a dû aéroporter de la nourriture pour ces bêtes en surnombre. L'effet de leur broutage est par ailleurs un sujet d'inquiétude qui s'est matérialisé par l'édification d'un exclos, un espace inaccessible aux cervidés qui a prouvé son efficacité pour protéger certaines espèces végétales menacées.

Parmi les cours d'eau de l'île, 27 se sont vu reconnaître le statut de rivière à saumon. On estime à 8 000 le nombre de saumons de l'Atlantique qui viennent y frayer. Ils font le bonheur d'un nombre croissant de sportifs qui, Dieu soit loué, y viennent aussi pour goûter la sérénité presque inviolée de la plus grande île du Québec. Les Anciens s'embarquaient pour Cythère pour trouver en l'île le calme, la beauté et l'amour. Embarquez-vous pour Anticosti ; vous y trouverez le calme de sa forêt et la majestueuse beauté de ses rivières.

Notre Grand Canyon

Les rivières d'Anticosti ont une majesté bien à elles. À cet égard, la **rivière Vauréal** mérite un superlatif. Presque deux fois plus hautes que les chutes du Niagara, celles de la Vauréal délaissent subitement le plateau central de l'île pour plonger en un filet délicat au fond d'un canyon qui, parmi les nombreux autres qui sertissent le rebord Sud du bouclier canadien, fait aussi figure superlative Un peu plus à l'ouest, une autre rivière a creusé un canyon qui fait écho à la Vauréal. Leur appellation mérite qu'on cède à leur invitation ; ce sont la **rivière et le canyon Observation.**

Ce mariage à répétition d'une ancienne sédimentation et d'une érosion plus récente n'a rien de surprenant ; c'est là une séquence géologique tout à fait logique en terrain calcaire. Toute l'île en est constituée. Ce qui fait le charme et l'étrange douceur de ces gouffres, c'est la parfaite horizontalité des couches sédimentaires que les rivières ont burinées à l'image de la linéarité tranquille des lieux.

La morphologie karstique de l'île lui a aussi légué des cavernes, dont l'une mérite une visite : la **grotte de la Patate.** On peut voir d'un seul coup d'œil, tant dans le ventre de la terre qu'aux abords verticaux des canyons, le résultat de l'empilement continu de sédiments durant des millions d'années. Du temps devenu espace...

Des sites tout autour . . .

Trois cents kilomètres de routes sillonnent l'île : rivières, baies, falaises, canyons, chutes et lagunes solliciteront votre regard où que vous alliez. Vous n'y serez jamais seul ; presque apprivoisés, les chevreuils vous tiendront compagnie. Si vous avez de la chance, quelque castor ou renard s'éclipsera de votre regard sous le vol d'une faune ailée variée en couleurs et en dimensions : cormorans, guillemots, sternes, macareux, fous de Bassan, arlequins plongeurs.

Comment s'y rendre ?

On l'a dit : la porte d'entrée d'Anticosti, c'est Port-Menier. Par la voie des airs, vous y arriverez en passant par Sept-Îles. Par mer, le *Nordic Express* vous y amènera au départ de la Côte-Nord ou de Rimouski. Des forfaits incluant le transport sont également offerts par la Société des établissements de plein air du Québec (SÉPAQ).

Airs de famille

chez nous

Une étroite bande de formations calcaires et, de ce fait, un chapelet de phénomènes karstiques sertissent le rebord méridional du bouclier canadien sur sa marge Sud. Plusieurs affluents de la rive nord du Saint-Laurent y ont ainsi creusé des canyons qui partagent un même air de famille, par exemple, les rivières Portneuf, Sainte-Anne, Montmorency, Kabir-Kouba, Jacques-Cartier.

ailleurs

Plus tumultueuse que la Vauréal, la rivière Nahanni-Sud, dans les Territoires du Nord-Ouest, s'insère aussi, par chutes successives, dans un spectaculaire canyon et y découvre 90 m de couches sédimentaires.

Pour en savoir plus

GAGNON, Louis et Jose SCHELL. *Anticosti. Guide écotouristique,* L'Acadie, Broquet, 1994, 150 pages.

LEJEUNE, Lionel. *Époque des Menier à Anticosti,* Saint-Hyacinthe, Éditions JML, 1987, 243 pages.

MCCORMICK, Charlie. *Anticosti,* Chicoutimi, Les Éditions JCL, 1996, 285 pages.

L'île Niapiskau, chère au poète

« *Aux rochers de tes murs*

Les siècles y sont marqués

Comme sur des armures

Aux souvenirs gravés [...]

C'est toi Niapisca

Avec tes érosions

C'est toi Niapisca

Avec tes émotions »

Roland Jomphe
De l'eau salée dans les veines

L'archipel de Mingan

Des confettis insulaires semés aux vents du Nord

En fait, le grand triangle des basses terres du Saint-Laurent, qui s'étire depuis la frontière de l'Ontario pour venir mourir au pied du cap Tourmente, survit à cette fin spectaculaire. Comme des points de suspension à la suite d'une longue phrase inachevée, un chapelet d'îles prolonge la plaine vers l'est en en rappelant à la fois le relief horizontal et la géologie, où domine la roche calcaire qui la borde. Les îles de Mingan sont à cet égard comme des échos lointains de l'île d'Orléans et de l'île aux Coudres.

La nature jardinière

Bonne femme, pot de fleurs, cheminée de fées, une terminologie imaginée pour des formes originales.

Les îles de Mingan constituent un véritable jardin de sculptures, d'œuvres qu'on pourrait qualifier de collectives, car plusieurs facteurs se sont donné le mot pour façonner à même le roc des formes d'une infinie variété. Les actions combinées de la mer, du vent, des précipitations et du cycle gel-dégel, alliées à la particularité qu'a le calcaire de se dissoudre à l'eau, ont sculpté la roche et produit une gamme de figures dont les dimensions, les courbes, les angles et les couleurs nous rappellent une fois de plus que dame Nature est une artiste dont l'imagination est sans limite. Elle a construit des falaises, des grottes, des carrelages rocheux, des plages soulevées, des marmites, des monolithes, des calanques, des buttes arrondies ou coupées au couteau, en prenant soin de faire alterner plateaux secs, tourbières, marécages, landes et lambeaux de forêt, question d'y entretenir une diversité biologique aussi grande que la variété morphologique.

On dit que la nature y est jardinière ; son pouce vert a aménagé des pots de fleurs de toutes dimensions et de toutes formes que la mousse et le lichen ont par ailleurs peints d'une gamme de couleurs allant du jaune orangé jusqu'au vert tendre. La nature a sans doute servi de modèle au frère Marie-Victorin qui, lui aussi artiste et jardinier, a manifesté un intérêt particulier pour l'archipel de Mingan en en donnant une description scientifique précise.

Le calcaire, une roche fertile.

Les visiteurs du ciel et de la mer

Qu'ils soient résidents, villégiateurs ou voyageurs en escale, les oiseaux savent reconnaître les lieux qui leur conviennent, tant pour y trouver leur subsistance que pour contribuer à l'harmonie de la nature dans laquelle ils se fondent; ils ont choisi leurs îles. Et, comme aurait dit LaFontaine, les noms qui leur rendent hommage se rapportent à leurs plumages: goélands argentés, guillemots à miroir, eiders à duvet (ici appelés moyacs), macareux moines, balbuzards pêcheurs, sternes arctiques et tant d'autres.

La mer, a-t-on dit, est le miroir du ciel. Comme lui, elle regorge de vie. Entre les cétacés, dont la taille et la mobilité en font des navires vivants, et les minuscules oursins qui s'accrochent obstinément aux rochers, toute une gamme d'animaux aquatiques s'offre aussi à l'observation.

D'autres visiteurs de la mer sont restés emprisonnés dans les roches sédimentaires formées dans les fonds marins il y a 400 millions d'années. Ils apparaissent aujourd'hui sous forme de fossiles dans les roches calcaires qui se sont prêtées à l'action combinée de la mer et du vent pour produire ce jardin de pots de fleurs. L'archipel de Mingan: un musée à ciel ouvert.

La mémoire des noms

On peut imaginer des champignons surdimensionnés…

… ou une table de géants.

La mémoire est une faculté qui oublie. Cela se vérifie à Mingan. Le mot *Mingan* a servi à désigner une réserve indienne, une rivière, un archipel, un village (Longue-Pointe-de-Mingan) et même toute une région (la Minganie). Pourtant, son origine est incertaine. D'aucuns y voient une provenance basque, d'autres, une déformation du mot innu *maikan,* qui signifie « loup ». Mais ce qui est certain, c'est que, pour ajouter au mystère, les Innus appellent leur réserve *Ekuanitshit.*

Les noms des îles sont en général plus transparents. C'est du moins le cas pour les toponymes français. L'**île Nue de Mingan** porte bien son nom, **La Grande Île** ne cache pas sa dimension, l'**île à Calculot des Betchouanes** annonce la présence de ces oiseaux, l'**île de la Fausse Passe** livre bien son message de prudence alors que l'**île du Havre de Mingan** guidera les marins. Traduisez le nom de l'**île Quarry** et vous saurez ce qu'on y trouve. L'**île du Fantôme** garde cependant jalousement son secret. Quant à l'**île aux Perroquets,** certains y verront un repère d'oiseaux, d'autres évoqueront plutôt le cri lancinant du signal de brume provenant du phare où Placide Vigneau a écrit son journal 20 ans durant pour meubler sa solitude. Si vous croyez au mauvais sort, évitez l'anse des Noyés, à l'est de l'île du Havre de Mingan ; mais ce serait dommage car la plage y est très invitante. Un conseil : pour visiter les îles, munissez-vous d'une bonne carte ; plusieurs d'entre elles portent différents noms.

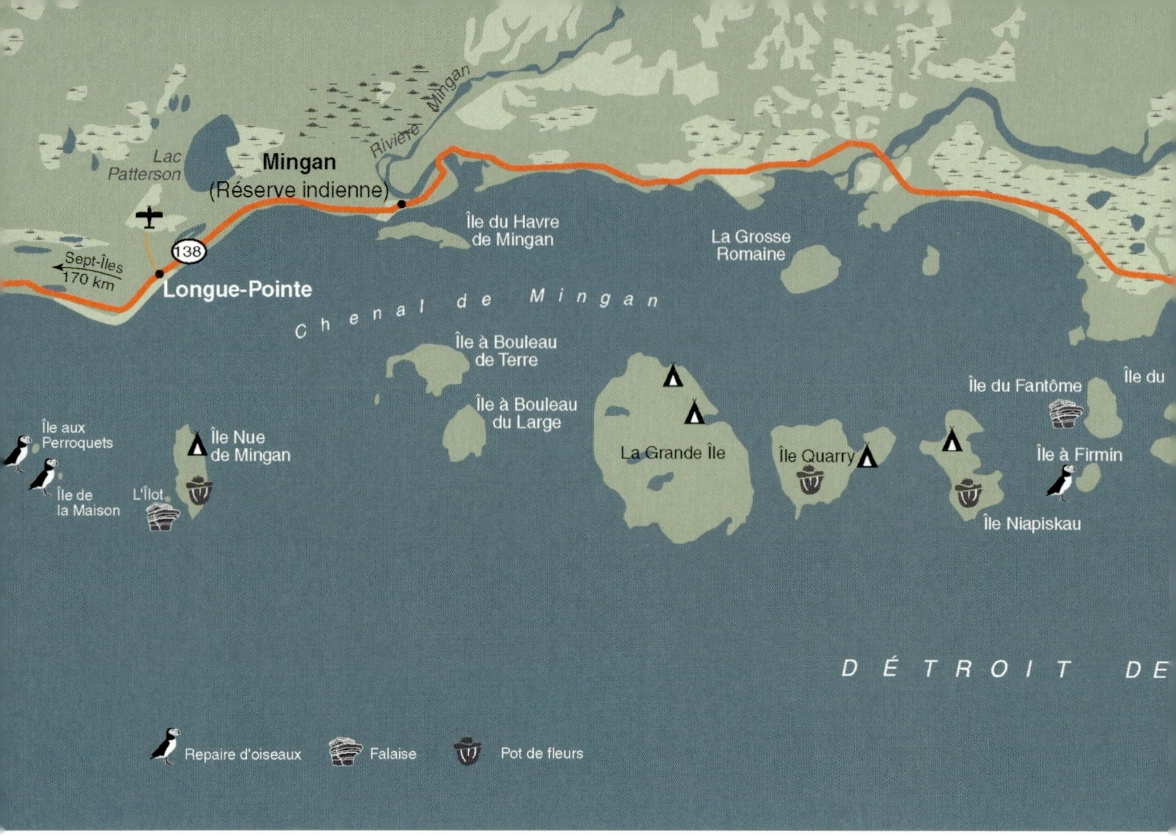

Et en face...

Bien avant que le gouvernement fasse de l'archipel de Mingan une zone protégée, les autochtones avaient fréquenté les îles, en avaient identifié les ressources et, si l'on peut dire, les avaient toutes baptisées. Allez les rencontrer dans la **réserve indienne de Mingan** (Ekuanitshit) ; ils vous en parleront éloquemment.

De là, vous pouvez aussi aller interroger « tous les bouleaux de la rivière Mingan » qui vous diront peut-être, comme Vigneault l'a chanté, que « la Mariouche aimait un Blanc ».

Pour découvrir ce que cachent les eaux qui baignent l'archipel et les animaux qui les habitent, un arrêt à la Station de recherche des Îles Mingan vous renseignera ; elle est située à Longue-Pointe-de-Mingan, à une dizaine de kilomètres à l'ouest de Mingan.

Comment s'y rendre ?

La plus longue route du Québec, la 138, vous conduira de Montréal jusqu'à Mingan après 1 100 km d'un parcours qui croise à peu près tous les types de paysages de la mosaïque québécoise. Après Sept-Îles, vous aurez traversé une série de villages qui, jusqu'à tout récemment, n'étaient accessibles que par bateau. L'aéroport important le plus près est situé à Sept-Îles ; 200 km plus loin, vous êtes en face de l'archipel de Mingan.

Rivière Romaine
Lac du Milieu
Lac des Plaines
138
Baie Nickerson
Île Sainte-Geneviève
Pointe aux Esquimaux
re-Saint-Pierre
Grosse Île au Marteau
Petite Île au Marteau
Île à la Chasse
Baie Puffin
Île Saint-Charles
Île de la Fausse Passe
e à Calculot
es Betchouanes
JACQUES-CARTIER
0 10 kilomètres

Airs de famille

chez nous

Aux îles de la Madeleine, on trouvera le même dialogue entre la mer et la roche calcaire. Les couleurs et les formes varient, mais la parenté morphogénétique est évidente.

ailleurs

La baie d'Halong, au Vietnam, est le sanctuaire de 2000 pains de sucre de toutes formes qui en font le plus grand jardin de pots de fleurs pétrifiés au monde. Un super-Mingan, en quelque sorte.

Pour en savoir plus

Dufour, Jules. « L'archipel de Mingan : un espace nordique entre l'exploitation et la conservation » dans *Les Cahiers de géographie,* vol. 23, nº 60, décembre 1979, p. 451-480.

Gauthier Larouche, Georges. *Origine et formation de la toponymie de l'archipel de Mingan,* Québec, Commission de toponymie, 1981, 165 pages.

Lévesque, René. *La seigneurie des îles et des îlets de Mingan,* Montréal, Leméac, 1971, 235 pages.

Potvin, Damase. *Le Saint-Laurent et ses îles. Histoires, légendes, anecdotes, description, topographie,* Montréal, Leméac, 1984, 427 pages.

Quand on fait un poète de Jacques Cartier

« *Quand l'immortel Cartier monta le Saint-Laurent, la légende nous dit que "belle isle voyant, il vint au rivage". Et Cartier, ébloui de si belles beautés, "Isle Verte, dit-il, tu nous as subjugués par ton paysage [...] Tes sapins verts, formant de verts coteaux, confondent en un seul leurs flexibles rameaux, en signe d'espérance !"* »

Damase Potvin
Le Saint-Laurent et ses îles

L'île Verte

Un écho d'Appalaches échoué sur les battures de la rive Sud

Au Québec, 2 000 îles ponctuent le cours du Saint-Laurent ; les visiter toutes constitue presque le programme d'une vie entière. Il faut donc choisir. L'île Verte est, à plusieurs égards, un résumé assez représentatif de cet archipel fluvial. Située dans sa partie médiane, c'est-à-dire là où le Saint-Laurent est mi-fleuve mi-estuaire, elle est ancrée devant les Appalaches dont elle prolonge en quelque sorte les longs plissements axiaux. Face au bouclier canadien, elle est donc témoin de la rencontre des trois grandes unités géographiques du Québec.

Une île échouée au large du temps

Comme si le temps s'était arrêté.

Peu d'îles du Saint-Laurent jouissent autant que l'île Verte de cet heureux mariage entre la douceur champêtre et l'action vivifiante de l'air salin, entre une atmosphère calme, quelque peu nostalgique, et la puissance du vent du large balayant le vaste espace marin. Une seule route, mollement sinueuse, relie le **Bout d'en Haut** et le **Bout d'en Bas.** Le long de sa douzaine de kilomètres, elle donne à voir quelques vestiges qui, à fleur de mémoire, rappellent un passé pas si lointain.

Il y a la petite **école du Bout d'en Bas,** une des trois qui ont autrefois accueilli les enfants des familles nombreuses de l'île. Elle est aujourd'hui utilisée comme centre d'interprétation. Tout près, un chaland dort dans son éternelle cale sèche. De la quarantaine de **pêches à fascines** qui ont autrefois ponctué les rivages de l'île, une seule aligne encore ses pieux que relient les clôtures de branchages d'aulne et de bouleau entrelacés en dessinant sur l'estran comme un immense hameçon. Du côté nord, il faut aller humer l'air du large et rendre hommage au **phare**, le plus vieux à avoir été érigé sur les bords du Saint-Laurent. Avec la cabane du criard, il abrite un petit musée qui évoque l'histoire des lieux. Chacun de ces témoins entretient éloquemment la mémoire collective de l'île, en rappelant qu'elle a longtemps constitué un milieu isolé et autosuffisant. L'homogénéité des maisons en témoigne joliment ; elle contribue à l'harmonie des lieux.

À la queue leu leu, les agneaux s'acheminent vers les prés salés.

Un conservatoire de traditions...

L'insularité de ce bout de terre et l'isolement qui la protégeait à l'ère des communications non mécanisées ont fait de l'île Verte un lieu privilégié de traditions matérielles et culturelles. Telles étaient les techniques liées à la récolte du foin de mer, appelé ici « l'herbe à barnèche », fauché à marée basse, ramené sur l'île par chaland à marée haute et transporté sur la côte par traîneau l'hiver venu. Telles étaient aussi les pratiques de la pêche à fascines, une technique héritée des Amérindiens et dont il n'est resté jusqu'à tout récemment qu'un seul discret témoin. Harengs, sardines et caplans, exceptionnellement saumons et esturgeons, ont longtemps alimenté les boucaneries, ces belles constructions de bois qui rythment encore le paysage… sans boucane. C'était le temps où les coutumes voulaient que rien ne se perde : l'engrais de poisson permettait à une terre maigre de produire des pommes de terre qui ont longtemps constitué la base de l'alimentation des insulaires.

... jusqu'à récemment

Pêche à fascines et fumoir, souvenirs typiques de l'île Verte.

De tout cela, il reste, outre la mémoire des aînés, quelques vestiges « muséifiés », si l'on peut dire, car désormais inactifs. La villégiature a pris le relais, de même que des installations d'accueil sympathiques. Question de ne pas renier complètement son passé agropastoral, l'île a aussi accueilli des estivants d'un autre type ; un troupeau d'agneaux qui vient y paître sur les prés salés et ajouter au paysage une petite touche bucolique. D'autres visiteurs y font également halte ; plus de 30 000 oiseaux migrateurs, dont bon nombre de canards noirs, viennent couver sur l'île et sur la rive d'en face. Ils y ont trouvé protection ; la société de conservation de la Baie-de-l'Isle-Verte vous fournira l'information appropriée à ce sujet.

L'île n'est pas que verte.

Verte, bleue, rose

Si le vert domine, les autres couleurs ne sont pas en reste. Au hasard des sentiers et même aux abords de la route axiale, les rosiers sauvages abondent, de même que toute une gamme de fleurs des champs. Celles-ci décorent surtout le côté sud de l'île, davantage déboisé et à l'abri que le rebord nord. Celui-ci, battu par les vents du large, s'ouvre au spectacle des grands mammifères marins – phoques, rorquals et bélugas –, qui percent furtivement le bleu du fleuve. Par le sentier du **Portage,** on accède à un circuit pédestre qui offre un paysage rocheux plus austère et plus maritime que fluvial. Ces deux visages de l'île contribuent à sa double personnalité : humanisée au sud, plus sauvage au nord.

L'île a aussi son jardin littoral.

Il y a l'île Verte et L'Isle-Verte

La toponymie a de ces caprices utiles. Deux graphies différentes peuvent témoigner de la différence des lieux. L'île Verte, dont l'appellation ne fait pas mystère, a donné son nom à la paroisse qui lui fait face sur le continent, L'Isle-Verte. Celle-ci a conservé son orthographe ancienne et respecte la règle d'écriture qui impose le trait d'union aux toponymes administratifs (ici, la municipalité). Au fait, dame Nature a des caprices du même ordre : elle n'insère un trait d'union (de terre et de glace) entre l'île et la côte qu'aux marées basses et durant l'hiver.

En attendant la marée haute et le traversier, voyez les quelques beaux édifices du village de L'Isle-Verte : demeures de notables, comme la **maison Louis-Bertrand,** l'église de style néogothique, l'ancien **palais de justice**, ou encore la ligne élancée de quelques fumoirs. Certains fument encore.

Vert forêt, côté fleuve ; vert champ, côté rive Sud.

Et autour...

Les amants du fleuve seront servis dans la région. Le long du littoral, ils découvriront des dizaines d'îles, dont plusieurs sont peuplés d'oiseaux. Ceux qui s'intéressent à la navigation fluviale peuvent placer plusieurs visites de phares à leur programme, notamment ceux de l'île du Pot à l'Eau-de-vie et de l'île Rouge. Quant aux phares du haut-fond Prince et de l'île du Long Pèlerin, ils devront se contenter de les regarder de loin.

Comment s'y rendre?

De L'Isle-Verte à l'île Verte, le traversier vous emmènera avec votre véhicule (de préférence à deux roues et sans moteur, pour votre santé et la tranquillité de l'île) aux heures de marée haute. Si le cœur vous en dit, vous pouvez vous joindre aux joyeux sportifs qui veulent emprunter, aux saisons de très basses marées, le **sentier de la Bouette** pour traverser à pied sec – pour ainsi dire, car vous verrez plutôt qu'il porte bien son nom. Mais suivez le guide, en vous rappelant le célèbre récit de Victor Hugo où l'on assiste, dans ses *Misérables,* à l'enlisement d'un imprudent dans les sables mouvants des côtes de Bretagne. L'hiver, en bons citoyens du Nord, utilisez le pont de glace; vous y rencontrerez des adeptes de la pêche blanche.

Un grain du long chapelet des phares du Saint-Laurent.

FLEUVE SAINT-LAURENT
Le Bout d'en Bas
Chemin du Phare
École du Bout d'en Bas
La Richardière
Le Portage
Quai d'en Bas
Sentier de la Bouette
Notre-Dame-des-Sept-Douleurs
Pêche à fascines
Île Ronde
Battures de l'Île Ronde
Quai d'en Haut
Bout d'en Haut
L'Isle - Verte
Rivière Verte
132
Maison Louis-Bertrand
Palais de justice
0 2 kilomètres

Airs de famille

chez nous

Nombreuses sont les îles de Sorel qui, au gré de la hauteur des eaux du fleuve, deviennent des presqu'îles rattachées à quelque rivage ; d'autres îles vertes qui ont délaissé l'agriculture pour la villégiature.

ailleurs

Une île située au sud de la Bretagne n'a été accessible, jusqu'en 1974, que par une chaussée de plus de 4 km submergée à marée haute : l'île de Noirmoutier, également verte sous ses pins et ses chênes.

Pour en savoir plus

Rioux, Marcel. *Description de la culture de l'île Verte,* Ottawa, Ministère du Nord canadien, 1954, 98 pages.

Notre-Dame de l'Île Verte, paroisse centenaire…, Île Verte, Fabrique de Notre-Dame-de-l'Île-Verte, 1974.

Michaud, Robert. *L'Isle-Verte vue du large,* Montréal, Leméac, 1995, 354 pages.

Un cruel souvenir

« À la pieuse mémoire de milliers d'émigrés irlandais qui, pour garder la foi, souffrirent la faim et l'exil et, victimes de la fièvre, finirent ici leur douloureux pèlerinage, consolés et fortifiés par le prêtre canadien. Ceux qui sèment dans les larmes moissonneront dans la joie. »

Inscription sur la croix celtique de la Grosse Île

La Grosse Île

La Ellis Island du Québec

Il fut un temps où les États-Unis d'Amérique étaient l'emblème universel de la liberté, de la richesse et de l'avenir. Des millions de gens venus des quatre coins de l'Europe ont été attirés par ce flambeau que porte bien haut une des plus grandes statues au monde. Ils débarquèrent sur Ellis Island, une petite île amarrée au large de New York, qui devint l'antichambre obligée du rêve américain.

Un mouvement migratoire parallèle se dessina quelques centaines de kilomètres plus au nord, reliant les îles britanniques, déjà fort peuplées pour l'époque, et le Canada, pays neuf encore relativement vide. La porte d'entrée naturelle était, bien sûr, le Saint-Laurent, cet entonnoir qui se resserre à quelques dizaines de kilomètres en aval de Québec, là où une constellation d'îles rythme le majestueux déploiement du fleuve devenant estuaire. Lorsque les circonstances exigèrent que, pour des raisons sanitaires, on exerce un contrôle étroit sur les arrivants, la Grosse Île était toute désignée, vu sa position avantageuse au centre de l'archipel estuarien, à la fois voisine de Québec, la destination finale, et isolée des populations riveraines.

Plus d'arrivées que de départs

La Grosse Île, l'ancien centre hospitalier du Saint-Laurent.

Le XIXe siècle n'a pas été tendre pour l'Europe. Aux conséquences des guerres napoléoniennes et aux contrecoups de la révolution industrielle qui ont affecté son équilibre économique et social se sont ajoutées des catastrophes naturelles d'une terrible ampleur. Autour de 1830, de tragiques épidémies s'abattent sur des populations affaiblies par la famine due à la maladie de la pomme de terre et les poussent à fuir leur pays.

Des centaines de milliers de personnes, surtout de Grande-Bretagne et d'Irlande, s'embarquent pour l'Amérique. La traversée est pénible. L'insalubrité et la surpopulation des navires en font des foyers de transmission du choléra. Des « radeaux de maladie » remontent le Saint-Laurent; la quarantaine s'impose. La Grosse Île est choisie pour accueillir ces misérables voyageurs, les soigner et, avec l'aide du Ciel, les sauver. Mais la maladie est plus forte et cruelle que bien des armées. Vers les années 1840, on enterre sur l'île jusqu'à 300 personnes par semaine pour atteindre, durant la funeste année 1847, un total de 5 424 sépultures.

Un souvenir aménagé

Sensibles à l'idée que les heures sombres de l'histoire ne doivent pas disparaître de la mémoire collective, les aménagistes ont voulu préserver des témoins concrets de la solidarité humaine devant les malheurs collectifs. Le grand nombre de services que l'on mit sur pied dans l'île constitue autant de témoignages de cette solidarité : installations d'accueil, de soins, de traitements, sans oublier la recherche car, il faut le dire, la médecine de l'époque était encore relativement démunie devant l'ampleur d'un tel phénomène épidémique.

Grâce aux restaurations et à de fidèles reconstitutions, Parcs Canada a redonné vie à ces lieux où rôdait la mort. La fonction de l'île s'est métamorphosée : la lutte pour la vie a fait place à l'entretien de la mémoire. Trois cimetières, dont celui des Irlandais, rappellent la dimension tragique de l'histoire de l'île. **L'édifice de désinfection**, l'hôpital, les laboratoires ainsi que les **résidences des médecins et des infirmières** évoquent les soins qui furent prodigués aux malheureux arrivants. L'école, **les églises protestante et catholique, les hôtels**, les ateliers d'entretien, les boutiques d'alimentation rappellent aussi que, sur cette terre de transition, la vie devait continuer afin qu'on puisse envisager des jours meilleurs. Aujourd'hui, la croix celtique et le monument aux médecins sont là pour donner un sens à cette émouvante reconstruction de la mémoire.

La croix du souvenir celtique.

Et autour...

L'isolement de la Grosse Île n'est que relatif. Elle trône en position médiane d'un cortège insulaire qui suit le fleuve depuis l'île Madame, face à l'île d'Orléans, jusqu'à l'île aux Oies, devant L'Islet-sur-Mer. Toutes méritent une visite, ne serait-ce que pour qu'on en découvre la grande variété physique et humaine. Certaines ont une histoire consignée, d'autres gardent leur mystère. Certaines, comme l'île aux Grues, nourrissent encore une population active alors que d'autres, comme sa sœur siamoise, l'île aux Oies, sont réservées à quelques chasseurs privilégiés. Certaines sont sans histoire comme l'île à Deux Têtes, d'autres ont alimenté controverses et procès, comme l'île Madame. *Le Saint-Laurent et ses îles,* un ouvrage de Damase Potvin publié en 1945, les raconte de charmante façon.

À **Berthier-sur-Mer**, d'où on peut traverser à Grosse Île, allez voir le trou de Berthier, une anse dont la forme circulaire presque parfaite n'a pas encore reçu une explication scientifique certaine.

L'énigmatique trou de Berthier devant l'île Madame.

Grosse Île
Piste d'atterrissage
Maison des infirmières
Cimetière de l'est
Lazaret
Chapelle catholique
Bloc d'en haut
Cimetière du centre
Baie du Choléra
Chapelle anglicane
Résidences pour médecins
Hôtels
Baie de l'Hôpital
Édifice de désinfection
Quai ouest
ESTUAIRE DU SAINT-LAURENT
Berthier-sur-Mer 10 km
Montmagny 8 km
0 0,5 kilomètre

Comment s'y rendre ?

Comme on ne dort pas sur l'île, les visiteurs doivent prendre un forfait de visite d'une journée à partir de Québec ou utiliser le traversier pour un aller-retour au départ de Berthier-sur-Mer.

Airs de famille

chez nous

Dépouillés du romantisme qui auréole la Grosse Île, les ports d'entrée que sont les aéroports et les bureaux de douane terrestre sont autant de filtres d'accueil.

ailleurs

Le surnom d'« île des larmes » qu'on a donné à Ellis Island, à l'entrée de New York, traduit bien le drame des chercheurs d'asile et de bonheur à qui la loi oppose des règles pourtant nécessaires.

Pour en savoir plus

O'Gallagher, Mariana. *La Grosse Île : porte d'entrée du Canada, 1832-1937,* Traduit par Michèle Bourbeau, Sainte-Foy, Carraig Books, 1987, 188 pages.

Masson-Dompierre, Rose. *Les Masson de la Grosse Île racontent.* Montmagny, Corporation pour la mise en valeur de Grosse Île, 1998, 915 pages.

Ouellette-Michalska, Madeleine. *L'été de l'île de Grâce*, Montréal, Québec-Amérique, 1995, 360 pages.

L'île que chantait Félix

« Pour supporter le difficile

Et l'inutile

Y'a l'tour de l'île

Quarante-deux milles

De choses tranquilles

Pour oublier grande blessure

Dessous l'armure

Y'a l'tour de l'île

L'île d'Orléans [...] »

Félix Leclerc,
Le tour de l'île

L'île d'Orléans

Avant de traverser en l'île

Pour apprivoiser lentement cette île oblongue de 200 km^2, doucement installée en rade du **cap Diamant**, admirez-la d'abord à respectable distance : du haut de l'Observatoire de la Capitale ou du haut du premier sommet des caps derrière **Saint-Joachim** ou, mieux encore, du haut d'un avion. C'est alors toute l'île, ou presque, qu'on découvre : une terre entourée d'eau comme disent les dictionnaires, mais dont on découvrira bientôt qu'elle est aussi une terre entourée d'un peu de mystère et de beaucoup de mémoire. Elle vous apparaîtra comme un grand bateau de terre amarré au goulot du « chemin qui marche », ce Saint-Laurent qui est fleuve en amont, déjà presque mer en aval et qui enveloppe notre île de ses deux bras argentés.

Le goulot d'un grand sablier

Ô temps, suspend ton vol !

Les deux régions montagneuses du Québec, le bouclier canadien au nord et les Appalaches au sud, sont séparées par un espace intermédiaire qui affecte la forme d'un immense sablier incliné vers l'est (à droite sur la carte). D'un côté, c'est notre plat pays, la plaine du Saint-Laurent, qui s'élargit progressivement vers l'ouest. De l'autre, l'estuaire du Saint-Laurent, qui constitue le volet liquide du sablier. Et à la jonction de ces deux vastes régions complémentaires trône l'île d'Orléans, dans sa sereine fierté.

Son poste d'observation est enviable. De son extrémité orientale, à la pointe Argentenay, le regard porte loin vers l'estuaire qui ménage le passage entre le fleuve et le golfe. Du même coup, l'œil s'accroche au rebord du bouclier que personnifie fièrement le **cap Tourmente**. À l'autre bout, de la pointe du Taureau, on voit se dessiner la silhouette de la Vieille Capitale et de son piédestal, le cap Diamant, qui annonce, en la protégeant, l'entrée de ce grand triangle de plaine qui forme le jardin du Québec.

Flanquée des deux plus grands ensembles montagneux de l'est de l'Amérique du Nord, amarrée au point de jonction du fleuve et de l'estuaire, entre eau douce en amont et eau salée en aval, à mi-chemin entre les Grands Lacs et le golfe, l'île d'Orléans peut, au goulot de son sablier, prétendre au titre de centre géométrique du Québec méridional.

En aval de l'île, le cap Tourmente, puis l'estuaire.

Où le ciel et la terre font bon ménage

Il semble bien que Dieu ait élu domicile sur cette terre de spiritualité autant que de labeur, une île bénie dont les contours sont balisés par huit églises qui, en toute modestie, cachent sous la sobriété de leurs extérieurs la magnificence de leurs intérieurs. Le paysage religieux de l'île est également rythmé par une quinzaine de croix du chemin et par plusieurs chapelles et oratoires qui, aux portes des villages, ponctuent le paysage et signalent les étapes de la dévotion.

Ce riche patrimoine sacré se double d'une architecture domestique maintenant bien protégée. Non moins de 600 maisons traditionnelles dont les murs vibrent encore de la mémoire vive des personnages, des pratiques et des événements qu'elles ont connus s'alignent sur le chemin de ronde. Çà et là, au sein du tissu que composent en bonne intelligence les maisons de Dieu et les maisons des hommes, 19 monuments classés bénéficient de la protection que leur confère la loi. Cette constellation de témoins architecturaux sertit harmonieusement un cadastre originel également protégé, reflet d'une vocation agricole qui a fait bon ménage avec l'activité maritime que lui suggérait la généreuse géographie des lieux.

Un patrimoine à conserver

Du côté sud, à Saint-Jean.

La création de l'arrondissement historique de l'île d'Orléans, en 1970, est de nature à favoriser la concertation entre l'État et la population pour protéger et valoriser la mémoire concrète de près de quatre siècles d'histoire, une mémoire qui s'harmonise avec l'imaginaire collectif. Terre de mémoire, en effet, car l'île a désormais les moyens de relier le présent au passé par les indices des savoir-faire ancestraux dont elle regorge. On ne peut rester insensible au message silencieux que livrent ses bâtiments aux lignes épurées, ses chemins qui suivent ou découvrent un relief sans surprises, ses champs miroitant de couleurs maraîchères, ses bateaux que ses chantiers ont largués au fleuve, ses pointes de flèches amérindiennes que quelque charrue révèle parfois par hasard.

Ces témoignages ont fait dire que l'île d'Orléans est un musée à ciel ouvert. On peut ajouter qu'elle est elle-même un artefact : une courtepointe irisée de couleurs saisonnières, une collection d'enseignes qui annoncent les travaux et les jours. Elle est aussi une collection d'archives, de manuscrits, de livres, de chansons que la beauté de l'île a inspirés à tant d'artistes et d'écrivains.

Même s'il n'y avait, sur cette île que Jacques Cartier avait dénommée « île de Bacchus », pas plus de vigne qu'il n'y avait de diamants au cap Diamant, la tradition agricole a su y conserver sa verte jeunesse. Chaque année, entre semailles et récoltes, l'île renouvelle la preuve de sa fertilité et de la qualité de ses produits, qui vont du maraîchage spécialisé jusqu'aux grandes cultures et à l'élevage. Deux cents fermes y contribuent encore, malgré la pacifique invasion de l'urbanisation banlieusarde et des villégiateurs.

Comme du côté nord, à Sainte-Famille les villages regardent au-delà du fleuve.

Et de chaque côté

D'un côté, la côte de Beaupré aligne la géométrie de ses champs, perpendiculaire à celle des terrasses qui font miroir au versant Nord de l'île. De l'autre, les navires au long cours animent l'avant-scène d'un paysage plus estompé, sur fond d'Appalaches.

Comment s'y rendre ?

Le pont de l'île enjambe le chenal Nord, en face de la chute Montmorency. L'île est aussi belle vue du haut des chutes que les chutes sont impressionnantes vues de la route Nord de l'île. De la Route 20, sur la rive Sud à la hauteur de Lauzon, l'île exhibe aussi son horizontale splendeur.

La toponymie respecte la sainte tradition : elle a placé Sainte-Famille sur l'île, non loin de Sainte-Anne-de-Beaupré, sur la côte.

Airs de famille

chez nous

L'île aux Coudres est en quelque sorte une réplique en petit de l'île d'Orléans, un autre rappel de la plaine du Saint-Laurent devant la fière montagne qui la domine au nord et sous le regard lointain des Appalaches au sud.

ailleurs

Bordeaux, comme Québec avec laquelle elle est jumelée, se situe en amont d'îles qui font un trait d'union entre la Garonne et l'estuaire de la Gironde. Certaines pourraient, par leur position, rappeler l'île d'Orléans.

Pour en savoir plus

GAULIN, André. *L'île d'Orléans, microcosme du Québec,* Association québécoise des professeurs de français, Québec, 1984, 137 pages.

LESSARD, Michel. *L'île d'Orléans. Aux sources du peuple québécois et de l'Amérique française,* Montréal, Les Éditions de l'Homme, 1998, 415 pages.

Vol au-dessus d'un nid de...

« [...] Un vol véloce de pigeons vint tourner près de moi pour aller se fondre dans le brouillard. Avec eux, je partis dans les airs. Je survolai le cap Diamant, la Citadelle au dessin acéré, puis, au-dessus de la terrasse Dufferin, obliquai vers la droite et glissai vers l'eau ».

Pierre Morency
Lumière des oiseaux

Le cap Diamant

Le Gibraltar d'Amérique

Plusieurs villes se sont complaisamment laissé appeler des Gibraltar. Serait-il impertinent de soutenir que la ville de Québec est sans doute celle qui a le plus de raisons de revendiquer ce titre ? Comme le cap éponyme, la **Citadelle** québécoise est la fière sentinelle d'un rétrécissement des eaux, une réalité que les Amérindiens avaient d'ailleurs inscrite dans la toponymie, puisque c'est là le sens du mot *Kebek*, en langue micmac. Un cap, une ville, une citadelle, des canons qui n'ont jamais servi, tout cela en face d'un détroit qui est comme la porte d'un continent. Un véritable Gibraltar, en effet.

Les Amérindiens ont eu le mot juste : *Kebek*, c'est-à-dire « rétrécissement des eaux ».

L'île de Québec

Québec, une île ? Ce n'est pas une erreur ni une image poétique. Le long rocher sur lequel est bâtie la Haute-Ville a bel et bien été une île. Autrefois ! À l'échelle géologique, la chose est d'ailleurs relativement récente ; quelques milliers d'années à peine. Imaginez le niveau des eaux du fleuve à une quinzaine de mètres plus élevé qu'actuellement : toute la dépression qui court de Cap-Rouge à Limoilou est alors ennoyée, et voilà que Québec est une île. À l'arrivée des premiers Européens, un chapelet de lacs dans la **dépression Cap-Rouge – Limoilou** en rappelait le souvenir. Le cap Diamant, qui constituait la pointe orientale de l'île, en était la partie la plus élevée. Le Saint-Laurent, en embrassant de ses deux bras l'île de Québec, se préparait alors à faire de même avec l'île d'Orléans. Comme une répétition…

L'île de Québec aurait pu être une île au Trésor, si Jacques Cartier avait dit vrai lorsqu'il rapporta en France la nouvelle que le cap était serti de diamants. Son regard et son imagination avaient été frappés par les reflets créés, près de l'embouchure de la rivière Cap-Rouge, par des grains de quartz. Fausse joie, « fausse comme des diamants du Canada ». L'expression est restée.

Tout château se doit de dominer le pays, en contrebas.

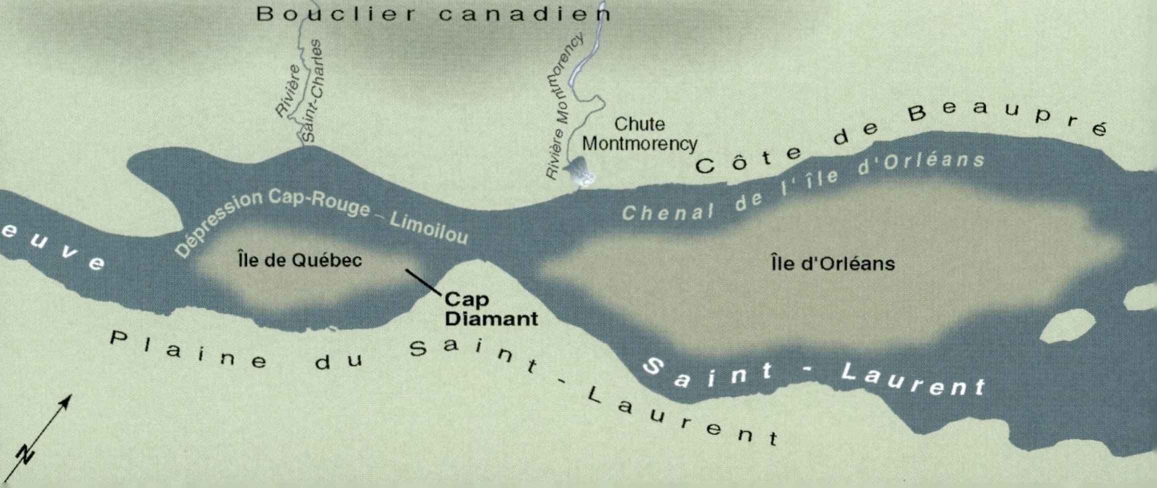

Une ville à deux étages

Dernière parcelle des Appalaches, au nord du Saint-Laurent, l'île de Québec en a conservé la vigueur topographique. Le cap qu'elle projette face au grand fleuve impressionne par ses dimensions. Samuel de Champlain et le comte de Frontenac ont vite compris l'avantage stratégique que ce lieu présentait, un site qui allie les qualités défensives d'une haute-ville et la facilité d'accès d'un bord de fleuve. Il en est né une ville à deux étages, une ville faite de côtes et d'escaliers que complètent aujourd'hui un funiculaire et un ascenseur.

Comme dans les maisons, on reconnaît aux divers étages d'une ville des fonctions propres. Le rez-de-chaussée est consacré à l'accueil et aux services ; l'étage est réservé aux maîtres. La ville de Québec n'a-t-elle pas été, dès son jeune âge, la reproduction du clivage vertical qui caractérise bien des villes du vieux continent ? Il est vrai que Samuel de Champlain a d'abord planté son *Abitation* au pied de la falaise, près du site de l'ancien village iroquois de Stadaconé. Mais très tôt s'installa en haut du cap le triple pouvoir civil, militaire et religieux. C'est là, sous cette aile protectrice, que se regroupa d'abord une population qui déborda rapidement dans les basses terres. Ainsi, Haute-Ville et Basse-Ville se sont distinguées par un clivage social qui, aujourd'hui, s'estompe graduellement.

Solide comme le roc ?

Haute-Ville, Basse-Ville, falaise : les ingrédients de Québec.

Le cap Diamant est un solide et fier rocher, comme tout promontoire que la popularité a rendu emblématique. Mais les éléments ont parfois raison de sa résistance. En 1889, une cinquantaine de personnes ont péri ensevelies sous un éboulis. Les géologues nous apprennent que ce n'est pas d'hier que le cap Diamant s'effrite. On peut penser qu'il continuera de le faire, comme le laissent supposer les éboulis plus discrets de 1944 et 1965 ainsi qu'un autre, tout récent, à Cap-Rouge.

Pour connaître les intentions secrètes du rocher, il faut sonder ses entrailles. Les géologues l'ont fait pour en comprendre la genèse et les caprices. Les archéologues les ont imités, sous la terrasse Dufferin, sous la place Royale, sous l'actuel Musée de la civilisation, un peu partout. Grâce à eux, les musées possèdent aujourd'hui de nombreux témoins historiques que le rocher a rendus à la mémoire collective des Québécois.

Les géologues et les archéologues n'ont pas été les seuls à fouiller les entrailles du cap. En 1929, on a creusé, pour le compte de la compagnie ferroviaire du Canadien National, un tunnel qui, loin sous la rue Belvédère, permettait aux trains, à partir du versant nord du promontoire, d'atteindre les rives du Saint-Laurent à la hauteur de l'anse au Foulon et de son quai, d'où partaient les transatlantiques. Il n'est aujourd'hui que rarement utilisé.

Pas de diamants, mais des pierres pour construire

La région de Québec, grâce à sa situation à la confluence des grandes régions géographiques de l'Amérique du Nord, offre une large gamme de formations géologiques et, partant, une grande variété de pierres de construction. C'est précisément la pierre du cap, aussi appelée « pierre de Québec », qui fut utilisée la première. Elle était extraite au pied du cap Diamant de même que du côté nord du promontoire, mais également à la Haute-Ville, derrière l'actuel château Frontenac, ce que rappelle la bien nommée rue des Carrières. Ce schiste calcareux n'était pas de très bonne qualité, de sorte qu'on alla bientôt s'approvisionner en calcaire à Beauport, en grès à Cap-Rouge et à L'Ange-Gardien, puis en granite à Rivière-à-Pierre. La ville de Québec est ainsi devenue un véritable musée à ciel ouvert de la pierre à construction.

Un belvédère

Lévis offre une belle vue sur le cap Diamant. Celui-ci le lui rend bien, car du haut de la terrasse Dufferin, du Bastion du roi ou de la promenade des Gouverneurs, on peut balayer du regard l'**île d'Orléans,** les deux bras du grand fleuve qui l'enserrent, Lévis et la côte Sud jusqu'aux deux ponts Pierre-Laporte et de Québec, les deux premiers à réunir les rives en remontant le fleuve. Tout cela avec, en fond de scène, les Laurentides et les Appalaches déroulant leurs contours bleutés, les premières au nord derrière Québec, les secondes au sud derrière Lévis.

Un socle pour un monument du patrimoine mondial

Tout ce qui coiffe ou entoure le cap mérite d'être découvert, visité, fréquenté, étudié et contemplé. Grâce à la ville avec laquelle il se confond, le cap Diamant a depuis longtemps racheté la déception que ses quelques grains de quartz avaient causée, après lui avoir valu une brève réputation d'Eldorado.

Québec, ville du patrimoine mondial – la seule au nord du Rio Grande –, le berceau de la vie française en Amérique, ancienne capitale du Canada, actuelle capitale du Québec, ville d'art et de culture, est accrochée à son rocher, l'entoure affectueusement, le décore, l'illumine et lui confère une valeur de symbole dont peu de villes du Nouveau Monde peuvent s'enorgueillir.

Québec est aussi une des rares villes murées d'Amérique. Le cap Diamant est ainsi coiffé d'une citadelle qui n'a pas connu la guerre et qui aujourd'hui abrite, entre autres bâtiments, une résidence pour le gouverneur général du Canada.

Québec, ville militaire.

Comment s'y rendre ?

C'est de Lévis qu'on peut le mieux admirer dans toute sa majesté le cap Diamant, surtout depuis que le Plan lumière de la Commission de la capitale nationale le pare, le soir venu, de la splendide luminescence qu'il mérite. Pour le connaître de plus près, par la rue et le boulevard Champlain, longer le cap vers l'ouest jusqu'aux ponts de Québec et Pierre-Laporte ; les couches rocheuses qui le composent offriront peut-être au regard le scintillement de grains... de quartz.

Une des tours Martello.

Airs de famille

chez nous

Un autre cap surmonté d'une ville historique ? Au Canada et en Amérique du Nord, Québec est unique…

ailleurs

Gibraltar, bien sûr, pour ne pas faire mentir le surnom de Québec. Et Budapest, autre ville à deux étages. Buda qui, du haut de son rocher, regarde Pest comme Québec regarde Lévis, de l'autre côté du grand fleuve. Et le rocher de Buda, comme celui de Québec, est percé d'un tunnel.

Pour en savoir plus

De nombreux articles traitent du cap Diamant de même que de l'histoire et la géographie de la ville qui le coiffe dans la revue *Cap aux Diamants.*

Un conseil de Champlain

« Ce passage est fort dangereux à passer pour quantité de rochers qui sont au travers de la rivière, bien qu'il y aye bon chenal lequel est fort tortu, où la rivière court comme un ras, et faut bien prendre le temps à propos pour le passer. »

Le cap Lauzon

Une halte incontournable

L'autoroute Félix-Leclerc double, 2 km plus au nord, le **chemin du Roi** qui relie Québec à Montréal depuis 1734 et traverse un chapelet de paroisses établies dès le Régime français : Cap-Santé en 1679, Grondines en 1680 et, à mi-chemin entre les deux, Deschambault, en 1713. De l'autoroute, à la hauteur de Deschambault, le voyageur verra se dérouler durant quelques minutes un paysage fluvial qui rappelle l'Europe : le Rhin, le Rhône ou quelque autre grand fleuve, à la fois sauvage et humanisé.

Mais s'il est une halte qui s'impose même à l'automobiliste pressé, c'est bien celle-ci ; il se doit de quitter la voie rapide pour humer durant quelques instants l'air du Saint-Laurent depuis la terrasse du cap Lauzon. Ce faisant, il aura traversé Deschambault, un des plus beaux villages des bords du « chemin qui marche ».

Le grand méandre du Saint-Laurent

Par-delà le fleuve, se font face les flèches jumelées des églises de Lotbinière et de Deschambault.

Tout au long du voyage qu'il entreprend depuis les Grands Lacs jusqu'au golfe, le Saint-Laurent poursuit sa route de façon presque toujours rectiligne. Mais dès qu'il dépasse le cap Lauzon, il amorce le virage le plus prononcé de son parcours. Le spectaculaire angle droit qu'il y dessine est sans doute dû à la consistance des roches sous-jacentes. Celles-ci se manifestent d'ailleurs par le fait que là, tout en face de Deschambault, bouillonnent les seuls rapides du Saint-Laurent en aval de Lachine. Dès 1535, Jacques Cartier s'y était buté. Pour voir du milieu du fleuve et à pied sec cet impressionnant virage, il vaut la peine d'aller au bout du **quai de Portneuf,** d'où on aperçoit la **pointe Platon** où est situé le **domaine Joly de Lotbinière.**

Une île minuscule, importante et méconnue

En 1603, Samuel de Champlain fit le même constat que Jacques Cartier. Trente ans plus tard, il sut tirer parti de la configuration des lieux en installant un poste de traite de fourrures sur un îlot situé juste en face du cap Lauzon, l'**île Richelieu.** Aujourd'hui d'une extrême discrétion, car nulle construction n'en marque le profil, ce petit bout de terre n'en demeure pas moins riche de souvenirs. Champlain y fit en effet ériger divers bâtiments : des corps de logis, des pavillons, un magasin et des fortifications à partir de plans de l'architecte Jean Bourdon. L'îlot a par la suite abrité les gardiens du phare puis une famille qui l'occupa jusqu'en 1949, année où elle périt dans l'onde funeste.

Les récifs autour de l'île Richelieu ponctuent les derniers rapides du Saint-Laurent vers l'aval.

En 1970, le phare qui a, des années durant, assuré la protection des navires est la proie des flammes et, sécurité oblige, on rase les derniers vestiges de l'occupation humaine sur l'îlot. Il n'en reste aujourd'hui que le souvenir… et quelques documents. Mais, de la terrasse aménagée derrière l'église de Deschambault, du haut de la pointe du cap Lauzon, on peut admirer le majestueux paysage d'un grand fleuve qui trace résolument son chemin au milieu d'une région quasi bucolique.

Des pierres qui racontent trois siècles d'histoire

Les habitants du cap Lauzon ont su aménager et surtout conserver, au cours des siècles, des bâtiments de bois et de pierre dont l'ensemble offre un des plus beaux panoramas du savoir-faire architectural de nos ancêtres.

Au XIXe siècle, prêtres et religieuses ont doté Deschambault d'édifices dignes de leur dévotion. Gravement endommagée par une canonnade anglaise en 1759, la première église du village fut démolie en 1838 et remplacée par celle qui fait encore la fierté des Deschambaultiens. L'**église** actuelle a conservé son aspect original malgré les clochers postiches dont on l'a « gratifiée » en 1952. Le grand architecte Baillairgé a veillé à ce que l'équilibre de ce joyau du patrimoine religieux se prolonge à l'intérieur de l'édifice, encore rehaussé par une riche statuaire que l'on doit à Thomas et François Baillairgé.

Pour sentir le milieu du fleuve, Deschambault offre l'avancée du cap Lauzon. À Portneuf, il faut emprunter une longue jetée.

Quant aux presbytères, l'ancien (le deuxième, en fait, chronologiquement parlant) et le nouveau sont conservés intacts, bien que leurs fonctions se soient adaptées aux besoins de notre époque : l'**ancien presbytère** est devenu un centre d'interprétation, l'autre, hôtel de ville. Les religieuses ont pour leur part dispensé leur enseignement pendant plus d'un siècle dans le joli couvent qui abrite aujourd'hui la bibliothèque municipale et une florissante école de musique.

Mens sana in corpore sano (Une âme saine dans un corps sain). Les âmes bien nourries, il fallait aussi alimenter la population de biens matériels, ce dont s'occupe à merveille le magasin général Paré depuis presque un siècle et demi. Cette belle maison a conservé son architecture et sa fonction ; en prime, elle joue un rôle pédagogique, car à l'étage, on a reconstitué ce qui fut autrefois le dépôt de marchandises sèches où sont accumulés de nombreux souvenirs d'antan. Cela s'entend, car on croit savoir qu'il s'agit du plus ancien magasin général du Québec.

La salle des habitants assurait le lien entre le profane et le sacré. Avant la grand-messe, les paroissiens, parfois venus de rangs éloignés, s'y rassemblaient, femmes d'un côté, hommes de l'autre, pour échanger, selon leurs intérêts respectifs, les nouvelles de la région. Aujourd'hui, on y parle de menu du jour et de spécialités régionales.

Le visiteur ne manquera pas d'admirer, au cours de sa promenade piétonne, la richesse architecturale du lieu, ses belles demeures, ses bâtiments et ses auberges, qu'il quittera à regret, sachant que l'ancien relais de poste bénéficiera bientôt de la même sollicitude des rénovateurs et protecteurs du patrimoine que tous les autres témoins du riche héritage qui fait de Deschambault sans doute la plus belle halte entre Montréal et Québec.

À l'ombre de l'église, un magasin d'une vénérable longévité.

Profitez-en pour visiter . . .

À 5 km à l'ouest du village actuel, on peut admirer le lieu d'origine de Deschambault grâce aux **moulins de la Chevrotière,** le petit (1767) et le grand (1802), tous deux admirablement rénovés. Une galerie d'art et un sentier de la nature complètent le site. À **Portneuf,** situé à quelque 6 km en aval de Deschambault, on peut se rendre presque jusqu'au milieu du fleuve à pied sec... sur le long quai qui s'y avance, en face de la pointe Platon, où se cache dans la végétation le manoir Joly de Lotbinière.

Au village bien nommé de **Saint-Marc-des-Carrières,** les amateurs de grands travaux seront impressionnés par le gouffre qu'y ont creusé les entrepreneurs carriers. De nombreuses maisons du village ont utilisé la belle pierre du calcaire Trenton extraite des carrières et se sont prêtées à d'intéressantes fantaisies décoratives.

L'ancien presbytère de Deschambault est maintenant au service de l'interprétation de l'histoire locale.

Québec 60 km
Rivière Portneuf
Portneuf
138
Quai de Portneuf
Chemin du Roi
40
ESTUAIRE DU SAINT-LAURENT
Pointe Platon
Domaine Joly-de Lotbinière
Trois-Rivières 75 km
Deschambault
Ancien presbytère
Magasin général
132
Cap Lauzon
Saint-Marc-des-Carrières 15 km
Île Richelieu
138
Moulins de la Chevrotière
Récifs
0
2 kilomètres

Comment s'y rendre ?

En venant de Montréal ou de Québec, on s'y rend par l'autoroute Félix-Leclerc (40) et on emprunte l'une des sorties Deschambault (aux kilomètres 254 et 257). On aboutira au chemin du Roi, à quelques kilomètres du cap Lauzon.

Airs de famille

chez nous

Tout un chapelet de pointes et de caps ourle les rives du Saint-Laurent. En amont comme en aval de la pointe Platon, une architecture traditionnelle les enjolive.

ailleurs

Puisque le Saint-Laurent prend ici des airs rhénans, est-il interdit d'évoquer le romantisme allemand et de rêver à la Lorelei, cette fée-sorcière qui, du haut d'un rocher ponctuant un coude du grand fleuve, attirait les marins vers de dangereux rapides et parfois vers la mort ? Mais les légendes du Saint-Laurent sont moins violentes…

Pour en savoir plus

Delisle, Luc. *La petite histoire de Deschambault, 1640-1643,* Québec, 1963, 237 pages.

Deschambault sur le fil du temps, Éditions Va Bene, Coll. Itinéraires du patrimoine.

Le poisson des chenaux

« Entailler sous le ventre et vider ; bien laver, assécher et rouler dans la farine assaisonnée de sel, de poivre et de paprika. Faire cuire dans l'huile ou la graisse, à peu près 5 minutes par côté, ne retournant qu'une seule fois. Servir aussitôt cuit. »

Jehanne Benoît
La nouvelle encyclopédie de la cuisine

Sainte-Anne-de-la-Pérade

À l'inverse du courant

Les bords du Saint-Laurent, des Cent îles du lac Saint-Pierre jusqu'à Percé, en passant par Tadoussac, l'île Verte et tout le chapelet des villages riverains, s'animent l'été et s'endorment l'hiver. Sainte-Anne-de-la-Pérade vit l'inverse. Du printemps à l'automne, le village coule des jours tranquilles que ne dérangent même plus les voyageurs qui, de Montréal à Québec, empruntent maintenant l'autoroute, évitant ainsi le village.

L'animation revient avec les jours froids. Peu après la période des Fêtes, tracteurs et camions se mettent à haler une constellation de plus de 500 maisonnettes que, depuis des mois, on avait mises en pénitence dans quelque champ perdu. C'est le moment où les bancs de poulamons, qui séjournent leur vie durant dans l'estuaire du Saint-Laurent, se donnent rendez-vous à l'embouchure de la rivière Sainte-Anne. Chaque année, ils nagent allègrement à la rencontre de leurs assassins…

Comment pêcher dans son salon

Sur la rivière, l'*alter ego* hivernal du village de Sainte-Anne-de-la-Pérade.

On a surnommé ce village la « capitale mondiale des petits poissons des chenaux ». L'intérêt de ce modeste poisson, une petite morue de 7 à 15 cm, réside moins dans la saveur de sa chair que dans l'occasion qu'il offre aux amateurs de pêche blanche de s'adonner à ce sport hérité des autochtones, maintenant pratiqué dans les conditions les moins sportives que l'on puisse imaginer. Chauffage et éclairage électriques, cuisinière, téléphone, téléviseur et quoi encore constituent le mobilier normal de ces cabanons auxquels conviendraient parfois mieux les appellations de chalet ou de pavillon de banlieue, ce qu'en France on appelle « une folie ».

Folie peut-être, mais une excellente occasion d'exercer sa patience dans l'attente d'un frémissement de la brimbale, d'en profiter pour causer, voisiner, multiplier les apéritifs si le poulamon tarde à mordre. C'est aussi un sport avec ses techniques, ses équipements et ses trucs. On n'apprend pas du jour au lendemain à marcher sur la glace sans glisser, à bien utiliser ciseaux, pics et tarières pour bien percer puis évaser le trou de pêche, à installer efficacement bascules et brimbales, à utiliser adéquatement l'écumoire ou la remplacer par d'ingénieux appareils.

Si l'image idyllique de hordes de traîneaux à chiens glissant entre de courageuses et minuscules huttes de pêcheurs s'est estompée au profit d'un tableau beaucoup plus prosaïque, il reste que le phénomène ne manque ni d'originalité ni, selon plusieurs, d'utilité sociale. Et puis, pour peu que les poissons pêchés à travers la glace finissent sur la table, on peut aussi y voir un intérêt économique. Au Québec, les pêches sportives et commerciales totalisent chaque année cinq millions de poissons.

Une pêche sportive… et commerciale.

Le village permanent et l'autre

Une touche de passé.

Le point de repère visuel que constitue l'église de Sainte-Anne-de-la-Pérade mérite une visite ; une bonne raison pour parcourir la région en période estivale. Construite il y a 150 ans sur le modèle de l'église Notre-Dame de Montréal, elle étonne par ses dimensions. La statue de chêne représentant sainte Anne est à l'avenant ; elle constitue le trésor de l'église. Une plaque commémorative, signalant qu'il est inhumé dans la crypte de l'église, a tiré de l'oubli John Jones Ross qui fut premier ministre du Québec dans les années 1880.

À l'ombre des deux hautes tours carrées de son église, le village, qui fêtera bientôt son troisième centenaire, aligne plusieurs maisons ancestrales. Mais l'histoire des lieux est plus ancienne encore : c'est en 1636 que la seigneurie de la Madeleine fut concédée à Jacques La Ferté, qui fut abbé à Sainte-Madeleine-de-Châteaudun. Les vestiges du **manoir Madeleine-de-Verchères** témoignent du séjour de ce personnage au début du XVIIIe siècle.

Un temps de repos pour les pêcheurs… et les poissons.

Dans l'arrière-pays...

Longez les deux rivières voisines, Sainte-Anne et Batiscan ; vous découvrirez que la tranquillité de leurs derniers méandres n'annonce pas leurs amonts plus tourmentés.

À une quinzaine de kilomètres derrière Sainte-Anne, le calme village de **Saint-Casimir** doit sa notoriété à une grotte bien particulière, le trou du Diable. Si vous la visitez, soyez prudent ; il faut vérifier le niveau de la rivière qui la traverse sur une longueur de près de 1 km. Selon les saisons, cristaux de malachite ou de glace irisent les parois.

Un peu plus à l'ouest, vous atteindrez le **parc de la Rivière-Batiscan** en longeant la rivière du même nom du côté sud, sur une vingtaine de kilomètres. Vous y verrez les vestiges du plus vieux barrage hydroélectrique construit en Mauricie et l'impact de ces installations sur ce site, qui offre entre cascades et bassins d'intéressants exemples de marmites de géants. Plusieurs sentiers accueillent marcheurs et cyclistes.

De l'autre côté de la rivière, les cabanes à pêche attendent patiemment l'hiver pour reprendre du service.

Comment s'y rendre ?

De l'autoroute Félix-Leclerc, à quelque 40 km à l'est de Trois-Rivières, on ne peut manquer d'apercevoir les tours de l'église de Saint-Anne-de-la-Pérade ; elles se voient de plusieurs kilomètres à la ronde. Le voyageur moins pressé y accédera par le chemin du Roi.

Airs de famille

chez nous

C'est sur le lac des Deux Montagnes et sur le Saguenay que l'on retrouve, l'hiver venu, les plus grandes concentrations de cabanes à pêche blanche : plus d'un millier.

ailleurs

Les lacs de Russie se couvrent aussi de pêcheurs immobiles et stoïques coiffés de chapkas et emmitouflés dans leurs amples manteaux de fourrure.

Pour en savoir plus

TESSIER, Albert. *Petite histoire de notre « petit poisson des chenaux »,* Trois-Rivières, Éditions du Bien Public, 1975, 28 pages.

Drames de la pêche aux poissons des chenaux, Sainte-Anne-de-la-Pérade, Éditions du Bien Public, 1980, 31 pages.

GIROUX, Albert. *Les églises de Sainte-Anne-de-la-Pérade,* Trois-Rivières, Éditions du Bien Public, 1976.

La patrie du Survenant

« [...] il semblait examiner soigneusement l'île du Moine, les vastes champs communaux qui rougeoyaient de salicaires jusqu'au fleuve, l'immense pâturage où les bêtes broutaient l'herbe riche. Aucune main familière, pas même celle d'un Survenant, ne les rentrerait à l'étable, la Saint-Michel sonnée. »

Germaine Guèvremont
Le Survenant

Le chenal du Moine

La Louisiane du Québec

Le chenal du Moine est un appât. Grâce à ce qu'il évoque – légendes, mystère, le beau Survenant du roman de Germaine Guèvremont – plusieurs voudront « aller voir ». Certains pourront être un peu déçus de ce que la villégiature en a fait, mais il faut aller plus loin dans la découverte. Plusieurs organismes vous proposeront une interprétation de ce milieu étrange, de sa morphologie, de sa faune ailée et aquatique, des caprices du fleuve. Allez-y et faites le tour des îles ; vous découvrirez un des paysages les plus originaux du Québec. Entre les îles, il vous sera facile de rêver aux bayous du Mississippi.

Une toponymie déroutante

Le dernier delta intérieur du Saint-Laurent comporte autant de petites îles réservées aux oiseaux migrateurs...

Les noms de lieux, ici les noms des îles et des chenaux, sont des repères indispensables pour l'orientation et la découverte. Mais comment se retrouver dans le galimatias de la toponymie de ce coin de pays ? L'île aux Grues, bout de terre situé sur la rive Nord, n'est pas une île. L'**île Ronde** n'est pas ronde. **La Grande Île** est plus petite qu'au moins huit autres îles de l'archipel. L'île aux Ours n'a, dit-on, jamais vu d'ours. Pire, l'**île du Milieu** (aussi appelée île du Mitan), l'**île aux Castors** (que plusieurs appellent l'île du Castor), l'**île aux Vaches** (que certains ont nommée l'île Saint-Arnaud) et Les Îlots (que d'autres appellent Les Îlets) ne sont en fait qu'une seule et même île. N'allez pas en faire reproche à quiconque. Dame Nature remodèle continuellement la configuration des îles au gré des courants, des niveaux du fleuve, comme de l'érosion et du colmatage dont il est responsable. Remercions plutôt la toponymie de conserver le souvenir des anciens visages de l'archipel.

Les hésitations du grand fleuve

Le fleuve serait-il surpris de se retrouver subitement dans un vaste plan d'eau, comme il n'en a pas vu depuis les Grands Lacs, à 350 km en amont ? Car arrivé devant Sorel et avant de devenir lac, il se met à hésiter, à se perdre en un lacis de chenaux qui s'insèrent paresseusement autour et à l'intérieur de ces innombrables îles qui composent ce paysage amphibie d'une grande beauté.

Le géographe Rodolphe De Koninck les a bien nommées : « Les Cent Îles du lac Saint-Pierre. » Il faut dire que certains en comptent 80, d'autres, 103. Mais comment savoir ? Selon les saisons et les humeurs du fleuve, on peut voir plusieurs îlots disparaître sous l'eau ou, au contraire, observer l'assèchement des chenaux, responsable de la fusion de plusieurs îles voisines.

... que de grandes îles consacrées à l'agriculture.

Les insulaires s'en souviennent ; le printemps a souvent été synonyme d'inondation. Les maisons sur pilotis sont là pour le rappeler et contribuer à l'étrangeté de ces paysages où le passage entre la terre et l'eau devient presque une notion abstraite.

Une autre Venise verte

Le marais Poitevin, en France, a été surnommé la « Venise verte ». Les Cent Îles peuvent revendiquer le même titre. L'omniprésence de l'eau assure au paysage la permanence de la verdure dès que la neige et la glace ont quitté la région. Mais le visage idyllique de ce coin de pays ne doit pas cacher la fragilité de son écosystème. Le responsable ? L'homme, comme toujours. D'importants travaux de dragage et de contrôle des débits ont été entrepris pour faciliter la circulation maritime : développement oblige ! Résultat ? Le courant a augmenté et l'érosion s'est ravivée. Mais la région est aujourd'hui sous haute surveillance. Comme les autres Venise du monde, menacées par l'élément liquide qui en fait pourtant la beauté, la nôtre a trouvé un protecteur. Le programme des Réserves de la biosphère de l'Unesco a récemment reconnu le caractère exceptionnel de ce milieu et contribuera à en assurer la sauvegarde.

Un autre relais migratoire

Les canaux orientent un peuplement linéaire.

On sait bien que les oies blanches font escale au Québec dans leurs grandes migrations saisonnières et on connaît les relais bien publicisés que sont le cap Tourmente et les estrans de Montmagny. Mais sait-on qu'à cet égard, les Cent Îles du lac Saint-Pierre ne sont pas en reste ? Voici des chiffres révélateurs : 113 espèces d'oiseaux et 60 espèces de poissons, dont 18 de pêche commerciale, y trouvent leur domicile saisonnier ou permanent. Ce n'est pas rien : on pêche annuellement 800 tonnes métriques de poisson dans le lac Saint-Pierre, ce qui permet d'alimenter chaque année le Festival de la gibelotte au chenal du Moine, malgré la concurrence des cormorans qui, en chemin vers leur menaçante remontée du Saint-Laurent, se servent souvent avant les humains. Mais l'hiver, ils ne sont pas là pour incommoder les amateurs de pêche blanche.

La commune : une rare survivance

Il reste cinq communes au Québec, dont trois ici : celles de l'**Île-Dupas**, de l'**Île-du-Moine** et de l'**Île-de-la-Commune** qui, en fait, est plutôt une partie de l'île du Mitan. Les pâturages communaux, une particularité de la région (les deux autres se situant à Yamaska et à Bienville), constituent une survivance de transhumance dont les aspects folkloriques font bon ménage avec la modernité. À preuve, cette traversée saisonnière du bétail sur chaland à câble, qui prolonge à travers le chenal du Moine la première partie du parcours, laquelle se fait en véhicule motorisé.

Des maisonnettes sur pilotis témoignent des caprices hydrologiques du Saint-Laurent.

Et autour . . .

Les survivances amérindiennes sont rares dans la plaine du Saint-Laurent, mais Odanak constitue une exception qui mérite qu'on s'y attarde, ne serait-ce que pour comprendre que les autochtones ont déjà occupé la totalité du territoire qui constitue aujourd'hui le Québec.

Des îles aux contours vulnérables et changeants.

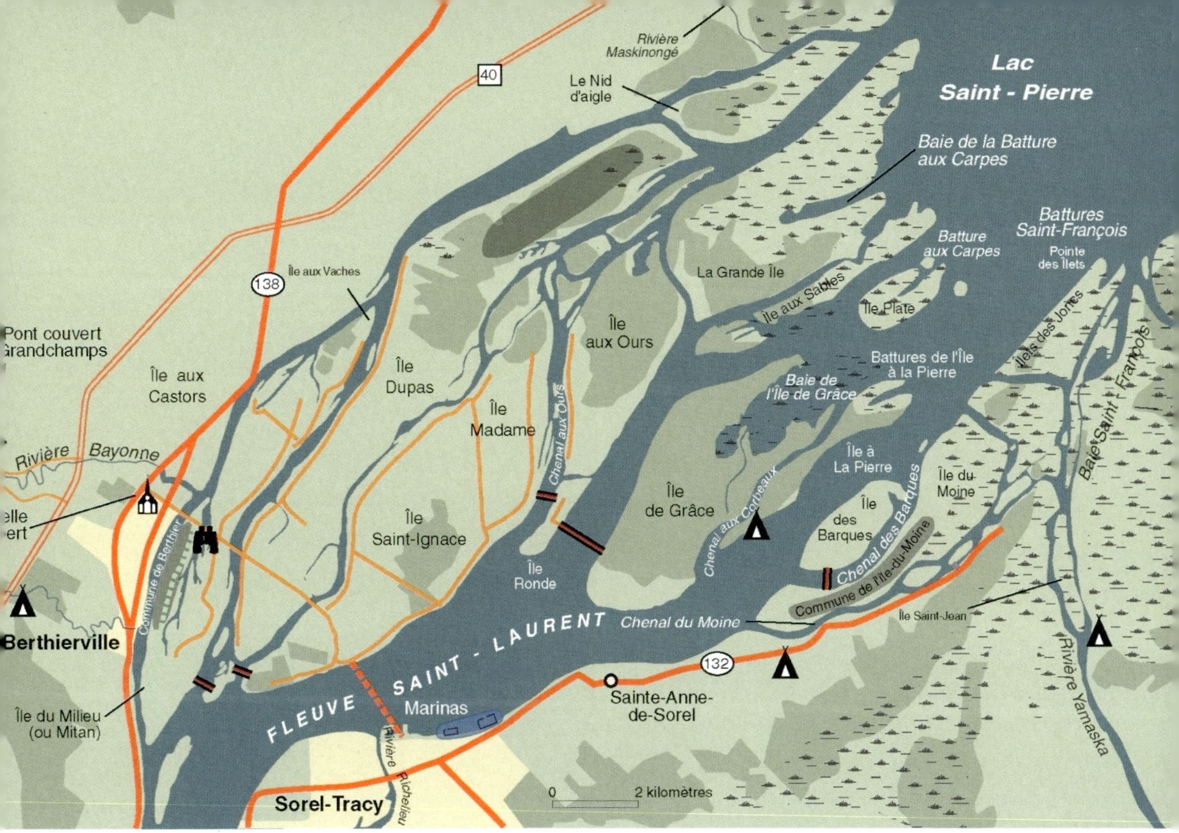

Comment s'y rendre ?

La partie nord de l'archipel est accessible par la route, à partir de **Berthierville** ; la partie sud, par voie d'eau, depuis **Sorel**, d'où partent aussi les nombreuses excursions qui vous seront proposées.

Airs de famille

chez nous

À vrai dire, le paysage des Cent Îles est unique au Québec. On peut cependant en admirer un prolongement à Notre-Dame-de-Pierreville.

ailleurs

Le marais Poitevin, en France, est une Venise verte semblable aux îles du lac Saint-Pierre. En Amérique, les bayous de la Louisiane sont aussi les cousins de notre delta.

Pour en savoir plus

De Koninck, Rodolphe. *Les Cent Îles du lac Saint-Pierre,* Québec, Les Presses de l'Université Laval, 2000, 151 pages.

Morissonneau, Christian. *Filles du fleuve. Les îles de Berthier et de Sorel,* Montréal, HMH, 2002, 175 pages.

« La Seigneurie des Mille-Isles scituées au nord-ouest de l'île Jésus appartiennent au Sr Dupré, marchand à Montréal. Ce nom de Mille Isles lui vient de la grande quantité presque innombrable qui la sépare de l'Isle Jésus, la plupart de ces isles sont couvertes de sapinage fort touffues, quelquesunes de moyen chesne qui produisent abondamment du gland que les plus menagers amassent pour les pourceaux. »

Gédéon de Catalogne
cartographe du roi, 1712

L'île des Moulins

Jadis un « bout du monde »

Lorsque, en 1681, Louis Lecompte Dupré, arrivé en terre d'Amérique depuis moins de 10 ans, apprend qu'une seigneurie où le propriétaire n'a jamais mis les pieds est à vendre, il n'a que 27 ans. Son caractère entreprenant l'amène à acquérir ce domaine situé, dit-on, au bout du monde civilisé, « limité au nord et à l'ouest par des terres non concédées », comme le note l'acte notarié. Il devient le premier seigneur résident de la seigneurie de Terrebonne, autrefois appelée « la seigneurie des Mille-Isles ».

Ce « bout du monde » est vite sorti de la marginalité pour devenir un relais utilisé par les gens qui allaient entreprendre l'occupation progressive du territoire vers l'ouest et le nord. Ainsi, au début du XIXe siècle, c'est à Terrebonne qu'on fabriquait ces « biscuits de matelots » dont s'approvisionnaient les voyageurs lorsqu'ils faisaient escale à l'île des Moulins avant de s'enfoncer dans la forêt en canot pour faire prospérer leur entreprise de traite des fourrures.

L'île des Moulins, celle des « mille îles » qui est la plus chargée d'histoire.

De seigneur en « seigneuresse »

Si la langue française n'a pas donné de forme féminine officielle au mot « seigneur », c'est sans doute que rare a été la réalité qu'elle aurait désignée. La seigneurie de Terrebonne aurait pourtant justifié ce néologisme, puisque par trois fois les veuves des seigneurs ont poursuivi l'œuvre de leur mari. Ainsi, Catherine de Saint-George succède à Louis Lecompte Dupré en 1715 et Élizabeth de Ramezay succède à Louis de Chapt de La Corne en 1762. Au siècle suivant, sous le régime britannique, la femme de Joseph Masson, Geneviève-Sophie, qui lui avait succédé, fut la dernière à diriger la seigneurie, très efficacement d'ailleurs. On lui doit en effet plusieurs innovations qui, durant son habile direction, dotèrent Terrebonne d'infrastructures qui allaient consolider son développement et sa prospérité. En 1854, le régime seigneurial était aboli.

Un patrimoine industriel exceptionnel

Les seigneurs de Terrebonne ne se sont pas endormis sur leurs titres. L'esprit d'entreprise de plusieurs d'entre eux a contribué à y concentrer divers foyers d'activité industrielle. Comme l'écrivait Gédéon de Catalogne, la piètre qualité des sols de l'île faisait mentir la toponymie des lieux et l'île n'offrait pas les mêmes possibilités agricoles que la région environnante. Mais les eaux de la rivière des Mille Îles, qui sautaient, de part et d'autre de l'**île Saint-Jean** et de l'**île des Moulins** qui la jouxte, les derniers gradins de leur descente vers l'est constituaient une source d'énergie potentielle. Très tôt, elles furent mises à profit et, progressivement, l'île se dota de moulins.

En 1721, le curé et seigneur Louis Lepage avait déjà édifié un moulin banal pour moudre de la farine. Quelques années plus tard, un moulin à scie commença à façonner des matériaux de construction. En 1804, tout à côté de la boulangerie que l'on venait de construire, un nouveau moulin à scie se mit à tourner... plus vite car, les techniques s'étant améliorées, on était dorénavant en mesure d'utiliser l'énergie produite à diverses fins : fabrication de tonneaux, taille de la pierre, séchage du grain.

En 1846, le seigneur Joseph Masson installa un nouveau moulin à farine, 125 ans après le premier. Là encore, l'innovation était au rendez-vous, une turbine remplaçant la traditionnelle roue à aubes. On ne s'attendait à rien de moins de ce chevalier d'industrie qui cumulait des fonctions économiques, administratives et politiques. Dans cette société capitaliste naissante, il acquit un autre titre de gloire, celui de premier millionnaire canadien-français. En 1850, la veuve Masson ajoutera à cette famille meunière un moulin à carder qui fut, durant trois décennies, l'une des principales manufactures d'étoffe du Bas-Canada.

Le passé prestigieux de Terrebonne, dont l'île des Moulins illustre les réalisations industrielles, se manifeste aussi dans le manoir que se sont construit les derniers seigneurs du lieu. Le château Masson témoigne de la richesse de ses propriétaires : ce bâtiment a coûté l'équivalent de 60 années de salaire de chacun des maçons qui l'ont construit.

Aujourd'hui...

Dans *Les chemins de la mémoire*, cette bible du patrimoine québécois protégé que publie la Commission des biens culturels, on note que, parmi les complexes industriels de la première moitié du XIXe siècle, celui de l'île des Moulins est le plus important qui soit parvenu jusqu'à nous. Un site qui aurait sans doute passé inaperçu si l'ingéniosité et l'esprit d'entreprise de nombreux seigneurs, maires et curés ne l'avaient rendu incontournable et si le gouvernement du Québec n'était pas intervenu pour faire, d'un terrain de camping et d'un parc de maisons mobiles que l'abandon progressif des lieux avait générés, un site patrimonial du plus haut intérêt.

On peut y visiter, et apprécier son état de conservation remarquable, le **moulin à scie**, qui abrite aujourd'hui la bibliothèque municipale ; le **moulin à farine**, le **moulin neuf**, la **boulangerie,** qui fait maintenant office de galerie d'art, et le **bureau seigneurial,** dont le rôle est de présenter des expositions. Sur l'île, un **parc de sculptures** intéressera les amateurs d'art contemporain. Il faut aussi suivre le circuit piétonnier du Vieux-Terrebonne et en parcourir les rues, à proximité de l'île des Moulins. Plusieurs maisons patrimoniales embellissent la ville : le **manoir Masson**, la **maison Auger**, de même qu'une **townhouse victorienne** et la « maison de pays », la plus vieille qui soit préservée à Terrebonne.

Rénové avec bonheur, le moulin est devenu bibliothèque.

Île aux Moutons
Église anglicane
Maison Auger
Townhouse victorienne
Ancien couvent de Terrebonne
Rue Masson
Rue Saint-Louis
Manoir Masson
Église de Terrebonne
Rivière des Mille Îles
Site historique de l'Île-des-Moulins
Parc de sculptures
Moulin à scie
Moulin à farine
Barrage
Moulin neuf
Boulangerie
Bureau seigneurial
Vieux quartiers de Terrebonne
Rue Chapleau
125
Île
nt - Jean
0
250 mètres
Pont de Terrebonne

Comment s'y rendre ?

Terrebonne, située immédiatement au sud de la croisée des Autoroutes 25 et 640, jouxte la rivière des Milles Îles. C'est là que le Vieux-Terrebonne aligne ses maisons pittoresques, près du petit pont qui mène à l'île des Moulins.

Airs de famille

chez nous

Sur l'île aux Coudres, deux moulins se sont donné une fonction pédagogique. On y explique comment l'eau et le vent transforment le blé en farine (que vous pouvez même acheter).

ailleurs

Kinderdijk, aux Pays-Bas, ravira les amateurs de moulins. Non moins de 19 moulins à vent s'y alignent sur des îlots autrefois marécageux ; une exceptionnelle concentration qui a valu au site d'être inscrit sur la liste du Patrimoine mondial.

Pour en savoir plus

DAOUST, Gilles et Roger VIAU. *L'île des Moulins,* Québec, ministère des Affaires culturelles, 1979, 61 pages.

MASSON, Henri. *La seigneurie de Terrebonne sous le régime français*, Montréal, Édité par l'auteur, 1982, 205 pages.

« Île des Moulins. Terrebonne », dans *Les chemins de la mémoire,* tome II, Québec, Les Publications du Québec, 1991, p. 429-436.

Le cul-de-sac de Jacques Cartier

« Au début de l'automne 1535, Jacques Cartier remonta le fleuve Saint-Laurent avec quelques-uns de ses hommes. Il se rendit à Hochelaga sans guide ni interprète Indiens. [...] il comprit très vite que ses navires ne pourraient jamais franchir les rapides de Lachine et il repartit. Sa visite avait duré moins d'une heure. »

H.P. Biggar
The voyages of Jacques Cartier

Le canal de Lachine

Ce n'était pas chinois

La toponymie consigne parfois des erreurs. Ainsi, elle s'est plu à rappeler les illusions qui ont bercé l'esprit parfois velléitaire de Jacques Cartier. Le nom du cap Diamant évoque la déception que lui causa la révélation de la vraie nature des cristaux de quartz qu'il ramena de son faux Eldorado. Puis, en 1535, du haut de la montagne s'élevant derrière Hochelaga, le découvreur imagina que ce pays qui n'en finissait pas de s'évanouir dans le lointain horizon de l'ouest l'amènerait en Chine, si toutefois il pouvait vaincre les rapides qui faisaient obstacle à sa remontée du grand fleuve. C'est ainsi que sa prestigieuse illusion lui fit appeler « la Chine » ce qu'il croyait être la porte d'un royaume à portée de voiles et de rames.

Un goulot bénéfique

Le long du canal, un parc linéaire a remplacé le chapelet d'industries...

Un siècle après Cartier, Champlain faisait le même constat à propos des rapides de la fausse Chine : « Jamais je ne veis un torrent d'eau desborder avec une telle impétuosité comme il faict. » L'obstacle était de taille : les embarcations de toutes dimensions qui, à la rigueur, pouvaient descendre les rapides mais non les remonter durent attendre que l'on puisse contourner ce goulot pour assurer par voie fluviale la liaison avec les régions d'en haut. Une nécessité vitale pour le pays qui commençait à prendre de l'expansion vers l'ouest.

En 1700, Gédéon de Catalogne avait dressé les plans d'un canal qui remplirait ce rôle, mais les travaux ne furent exécutés qu'en partie. Plusieurs tentatives pour réaliser le projet se succèdent jusqu'en 1821, alors que John Richardson, directeur de la Banque de Montréal, entreprend les travaux ; il les mènera à bien dès 1824. L'année suivante, on inaugurait un canal qui, après des élargissements successifs, allait attirer des industries aussi nombreuses que diverses et faire ainsi de « la Chine » une artère vitale entre l'Europe et l'Amérique intérieure, de quoi chambouler les notions de géographie héritées de Cartier !

Dès lors, on assista au phénomène autoreproducteur de l'industrialisation des villes de Lasalle et de Verdun ; la concurrence, la complémentarité et la consolidation jouèrent à fond entre les entreprises. Près d'un millier d'entre elles s'y installèrent pour bénéficier de l'accès que donnait le canal aux régions situées en amont comme en aval des rapides, ce goulot qui fut finalement bénéfique pour la région de Montréal. Le canal permettait en effet le transport fluvial sans rupture de charge depuis les Grands Lacs jusqu'à Montréal, une distance de plus de 2 000 km, pour une dénivellation de 165 m. Le secteur du canal de Lachine devint, pour un siècle environ, le site industriel le plus important du Canada.

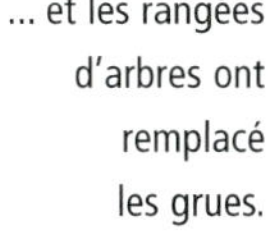

... et les rangées d'arbres ont remplacé les grues.

Un concurrent de taille

Il arrive qu'un train en cache un autre. Il arrive aussi qu'un bateau en chasse un autre. L'ouverture de la Voie maritime du Saint-Laurent, en 1959, sonna le glas de la navigation commerciale sur le canal de Lachine. Ce nouveau boulevard fluvial admettait désormais des navires de gros tonnage que l'ancien canal ne pouvait digérer. Celui-ci allait donc perdre sa fonction… pour en trouver une autre.

Cette nouvelle fonction est à la fois ludique et pédagogique. Si le loisir y a partiellement remplacé le travail, une fonction éducative s'y est également greffée : les éléments d'interprétation qui ponctuent ses abords intéresseront le visiteur qui aura aussi compris la vivante leçon de reconversion que constitue le réaménagement du canal.

Un traitement de canal réussi

L'ancien entrepôt des commerces de la fourrure.

« Un traitement de canal réussi » est l'expression qu'employait Marie-Ève Maille dans la revue *Geographica* pour résumer la cure de rajeunissement que la Ville de Montréal et Parcs Canada ont administrée au canal. La chirurgie a réussi et les abords du canal affichent maintenant un large sourire que l'immense cube de la sucrerie Redpath, laissée à l'abandon depuis 1980, ne vient plus gâter. Des pistes cyclables remplacent les rues défoncées, les terrains vagues ont fait place à des îlots de verdure, les usines abandonnées ont été converties en condominiums de luxe, les ponts mobiles ont été fixés. Sans pourtant masquer complètement les imposants souvenirs de la période industrielle du canal, l'aménagement de ses abords en a fait un long ruban de verdure, ponctué de reliques, de souvenirs… et d'innovations.

De bout en bout, une piste cyclable suit le canal.

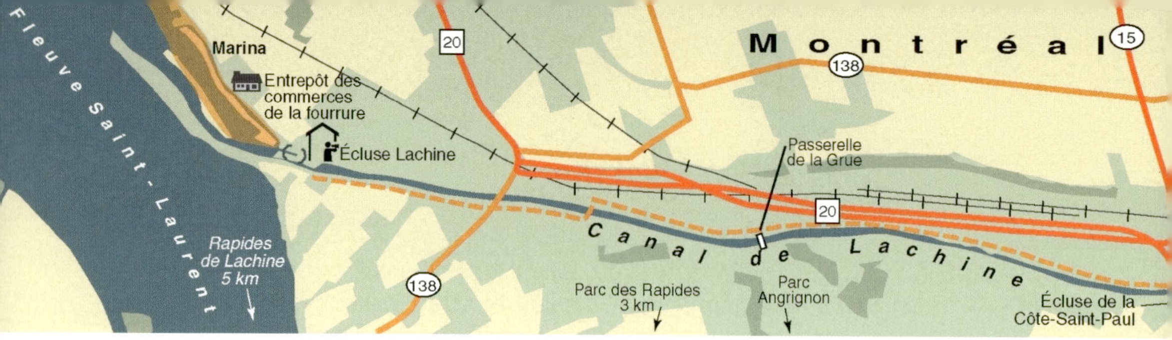

Voir et la cause et l'effet

À moins de 2 km au sud du canal, le **parc Angrignon**, un des poumons de Montréal, offre aux citadins divers aménagements et divertissements… ainsi qu'un bon bol d'air frais apporté par le fleuve qui se déploie, non loin de là, en un bassin de près de 7 km de largeur.

C'est d'ailleurs en débouchant dans ce bassin que le fleuve se met à danser joyeusement. Il vaut la peine d'aller jusqu'au **parc des Rapides** pour y observer le bouillonnement de ces eaux qui ont forcé l'ingéniosité humaine à réaliser deux exploits technologiques: le canal de Lachine au nord et la voie maritime du Saint-Laurent au sud.

Il faut longer le canal de bout en bout car, aux deux extrémités, des activités vous attendent. À la sortie ouest: la visite de la marina, du **centre d'interprétation** et de l'**Entrepôt des commerces de la fourrure** à Lachine. À l'est, autour du Vieux Port, une vaste gamme de divertissements et d'attraits culturels est offerte aux promeneurs.

De la manufacture à l'habitation; une réussite.

Comment s'y rendre ?

C'est en suivant le canal sur son côté sud par la rue Saint-Patrick que l'on peut prendre la mesure de son importance passée et apprécier sa configuration actuelle. Mieux encore que l'automobile, le vélo permet une familiarisation privilégiée avec le canal, ses écluses, ses passerelles, ses points d'observation et ses aires de repos ; usines, manufactures, entrepôts, grues, silos, machineries diverses, parcs de véhicules lourds, autoroutes et *tutti quanti* font aussi partie du paysage, et c'est bien : mémoire industrielle oblige.

Airs de famille

chez nous

Le canal de Lachine ouvrait la voie vers l'ouest. Celui de Saint-Ours, sur le Richelieu, l'a fait vers le sud, en reliant le Saint-Laurent au lac Champlain. Comme sur le canal de Lachine, la navigation commerciale et industrielle a cédé sa place à la navigation de plaisance.

ailleurs

Pour qui s'intéresse à l'origine des choses, rappelons que c'est en 1460 que Léonard de Vinci invente le système d'écluses à sas et que cette invention fut pour la première fois mise en œuvre sur le canal de Briare en France.

Pour en savoir plus

Desloges, Yvon et Alain Gelly. *Le canal de Lachine. Du tumulte des flots à l'essor industriel et urbain, 1860-1950,* Québec, Septentrion, 2002, 215 pages.

Maille, Marie-Ève. « Traitement de canal », dans *Geographica,* juillet-août 2002, p. 10-16.

Bergeron, D. et collaborateurs, *Canal de Lachine. Atlas historique.* Association Les MilLieues, Montréal, 1983, 75 pages, cartes.

La raison du fort

« *Le petit fort qui est situé au pié du saut sur bord du bassin de Chambli, n'étant que de simples palissades, ne sauroit empêcher que bien des gens n'entreprennent un voyage qui donne tant de profit. Les habitans qui demeurent aux environs, sont fort exposez aux courses des Iroquois en temps de guerre, malgré cette foible forteresse.* »

Louis-Armand
baron de Lahontan
Voyages dans l'Amérique septentrionale

Le fort Chambly

À l'image de son grand frère

Avant d'aborder le dernier tronçon de son long parcours, le Saint-Laurent s'épanche en un large repos lacustre, le lac Saint-Pierre ; en y parvenant, il le gratifie d'un delta intérieur (dont un des chenaux est le célèbre chenal du Moine). En fidèle affluent, le Richelieu l'imite : arrivé à **Chambly,** il s'est construit lui aussi un delta intérieur qui débouche sur un lac tranquille, le **bassin de Chambly,** avant de reprendre son cours en ligne droite vers son embouchure, à Sorel.

Un relais historique

Canaux et écluses abondent autour de Montréal ; ici, les écluses de Saint-Ours.

À plusieurs égards, le **Richelieu** constitue une des artères vitales du Québec : la géographie, l'histoire et l'économie le confirment. « Artère » est le bon mot car cette rivière arrive, comme plusieurs autres (le Saint-Maurice, la Nicolet, la Bécancour, etc.), dans la région qu'on nommait autrefois le « Cœur-du-Québec ». De ces voies d'eau, le Richelieu est sans aucun doute celle qui draine vers la mémoire collective des Québécois le plus de réminiscences historiques. Chambly, avec son fort et son canal, nous en livre d'éloquents témoignages.

D'une guerre à l'autre

La vallée du Richelieu mérite bien son surnom de « vallée des forts ». Si une quinzaine d'aménagements défensifs ponctuent son cours, c'est que cette voie fluviale a longtemps constitué un boulevard des invasions. Dès après la fondation de Québec, Champlain eut à affronter les Iroquois plus d'une fois autour de Chambly. Le commerce des fourrures, qui constituait alors un enjeu de taille, a longtemps alimenté les hostilités franco-iroquoises. Puis, les envahisseurs anglo-américains ont utilisé ce passage en 1760, en 1775 et en 1812.

Les raisons ne manquèrent donc pas, depuis le début de la colonie française jusqu'au XIXe siècle, pour utiliser la situation stratégique du lieu et y aménager un système défensif dont les versions successives sont autant de témoins de l'évolution de l'art militaire et de l'histoire de la région, sujets qu'illustre le musée qu'on y a logé depuis la restauration des lieux en 1982.

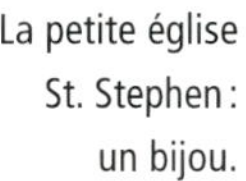

La petite église St. Stephen : un bijou.

Un escalier liquide

Route d'invasions, la vallée du Richelieu a aussi été une voie d'échanges pacifiques. Longtemps après qu'on en eut ressenti le besoin à cause des rapides qui sectionnent le cours de la rivière et qui imposaient de pénibles portages, on entreprit en 1831 la construction d'un **canal** le long du segment dont la dénivellation est la plus forte, à savoir entre **Saint-Jean-sur-Richelieu** et Chambly. Il fut terminé en 1843. Dès lors, il joua un rôle économique important, et ce, jusqu'à la crise de 1929. Après quelques décennies de déclin, la navigation de plaisance a pris le relais et a aujourd'hui redonné vie au canal. L'été venu, une batellerie variée y apporte une animation qui attire aussi vacanciers et promeneurs tout au long de son parcours.

Les rapides de Chambly...

Neuf **écluses** s'échelonnent de Chambly à Saint-Jean et permettent de racheter, par un chapelet de biefs qui forment un escalier à longues marches liquides, la dénivellation de 24 m que totalisent les quatre rapides. Les aménagements, bien que maintes fois rénovés, conservent un cachet particulier qui est en même temps une leçon d'histoire concrètement illustrée par des installations encore en service : vannes, ponts mobiles, logettes, ateliers.

... que contourne le canal du même nom.

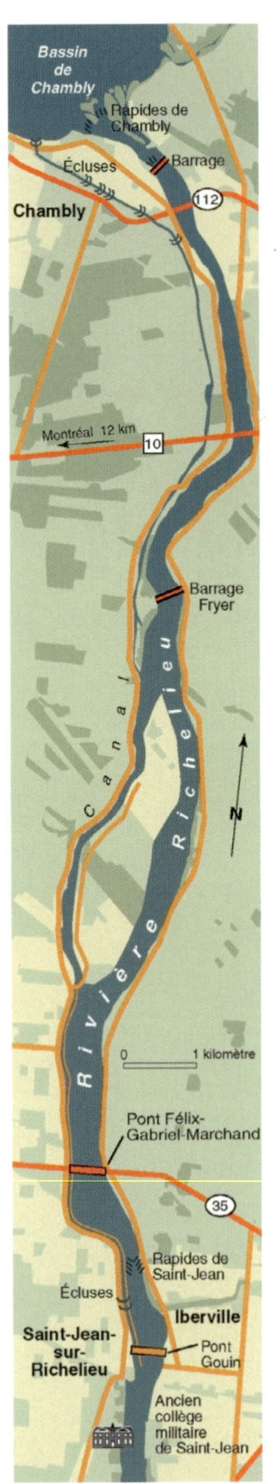

Au fil de l'eau...

Suivez le cours de l'histoire en même temps que celui de la rivière. Les villages du Bas-Richelieu, tels Saint-Denis et Saint-Charles, situés sur le bien nommé chemin des Patriotes, vous rappelleront les heures sombres des rébellions de 1837 et 1838. Saint-Jean-sur-Richelieu, avec ses maisons victoriennes, ainsi que divers aménagements, comme le canal de Saint-Ours, évoqueront des souvenirs reliés à des périodes plus heureuses, notamment sur le plan économique.

À Chambly, ne manquez pas de visiter la petite et sympathique **église anglicane St. Stephen** et, tout près, le parc des Rapides, aménagé en face d'un barrage au pied duquel bouillonnent des rapides jusqu'à un groupe de petites îles qui y forment un delta. Elles constituent un **sanctuaire de pêche** où dorés, brochets, perchaudes et truites meunières se reproduisent.

Un fort souvenir.

Comment s'y rendre ?

On peut longer le Richelieu, depuis son embouchure jusqu'à la frontière américaine (un peu plus de 100 km), du côté ouest par la Route 223 ou du côté est par le chemin des Patriotes (la 133). Par voie d'eau, on peut parcourir le même circuit et expérimenter une dizaine de fois les procédures d'éclusage, tout particulièrement sur le canal entre Chambly et Saint-Jean-sur-Richelieu.

De nombreuses pistes cyclables invitent les sportifs moins pressés ; ils sont plus de 100 000 à les emprunter chaque année. En longeant le canal de Chambly, vous pourrez, sur un parcours de 20 km, vous sentir batelier, ou presque, car vous utiliserez alors l'ancien chemin de halage. L'hiver, le canal vous offrira une longue piste de patinage.

Bassin de Chambly
Rivière L'Acadie
Rivière des Hurons
Longueuil
8 km
Sanctuaire de pêche
De Bourgogne
Martel
112
Fort Chambly
Écluse
Église St. Stephen
Barrage
Mairie
Maison du surintendant
Canal de Chambly
Parc des Rapides
Chambly
112
0
1 kilomètre

Airs de famille

chez nous

Histoire de comparer des forts britanniques au fort français, visitez aussi le fort Lennox, à Saint-Paul-de-l'Île-aux-Noix, de même que le Blockhaus de Lacolle.

ailleurs

Il vaut la peine de prolonger du côté américain le circuit de la vallée des forts : à la hauteur du lac Champlain s'élève le fort Ticonderoga, célèbre pour le rôle qu'il a joué tant pour la défense du commerce des fourrures que lors de la révolution américaine.

Pour en savoir plus

GÉLINAS, Cyrille. *Le rôle du fort de Chambly dans le développement de la Nouvelle-France de 1665 à 1760,* Ottawa, Parcs Canada, Direction des lieux et des parcs historiques nationaux, 1983, 79 pages, illustrations.

SÉVIGNY, P.-André. *Commerce et navigation sur le canal Chambly; aperçu historique,* Ottawa, Parcs Canada, Direction des lieux et des parcs historiques nationaux, Ottawa, 1983, 90 pages.

Rock

« T. H. Clark géologue dit du mont Royal
Syénite gabbro gabbro et diorite
Que des Montérégiennes c'est la plus
    petite
Ou presque en hauteur et superficie
    globale
On doit au tunnel du Canadien
    National
De mieux connaître les roches hétéroclites
Diorite gabbro gabbro et syénite
Qui composent le mont dans sa diagonale »

Jean O'Neil
Les Montérégiennes

Le mont Royal

Une montagne en ville

Si la montagne ne vient pas à vous, allez à la montagne ! Cette évidence, répétée depuis 2000 ans, s'applique fort bien au mont Royal. Contrairement à ce qu'on entend souvent dire, cette montagne, comme les autres Montérégiennes d'ailleurs, n'a jamais été un volcan. Elle ne constitue donc pas une menace naturelle comme la montagne Pelée à Saint-Pierre, en Martinique, ou le Vésuve à Naples. En fait, le mont Royal contient des intrusions de magma qui n'ont pas atteint la surface, et c'est le patient travail de l'érosion qui a finalement mis au jour cet envahisseur venu d'en bas.

Mais si la montagne ne risque pas d'envahir la ville, la ville, quant à elle, ne s'est pas gênée pour envelopper la montagne et même en occuper la plus grande partie jusqu'à ce que, en 1876, à la suite des propositions de l'architecte paysagiste Frederick Law Olmsted, la création du parc du Mont-Royal vienne assurer la protection de ses qualités naturelles.

Un jardin géologique

Les quartiers Est, vus du belvédère Camillien-Houde.

Au gré de ses promenades dans les sentiers du parc, quiconque se donnera la peine d'observer tous les affleurements rocheux qu'offre le mont Royal aura de quoi remplir un calepin de notes, en commençant par la longue liste de roches et de minéraux que la montagne donne à voir: syénite, gabbro et diorite, comme le disait si bien Jean O'Neil, mais aussi roches noires comme le pyroxène, roches plus pâles comme le feldspath ou roches blanches comme le marbre. Les observateurs attentifs en repartiront aussi avec une longue liste de phénomènes géologiques à propos desquels des centaines de pages pourraient être écrites. Cependant, on n'est en mesure de comprendre l'origine de la plupart de ces phénomènes que si l'on possède des connaissances scientifiques assez poussées. Pour les non initiés, l'intérêt réside sans doute dans les belles énigmes que ces phénomènes représentent.

Ainsi, comment un bloc de pierre de 7 000 kg a-t-il pu être transporté jusqu'au sommet de la montagne ? On comprend qu'avec le temps, des dépôts successifs de sédiments aient pu former des couches d'une belle horizontalité, mais d'où peut bien venir une tranche rocheuse qui est perpendiculaire à toutes les autres ? On trouve dans ces roches sédimentaires des fossiles d'animaux issus du climat tropical ; la région a-t-elle pu connaître un tel changement de climat ? Le mont Royal exhibe des roches provenant manifestement du magma de roche en fusion qui compose le cœur de la planète, ce qui a amené plusieurs personnes à soutenir qu'il s'agit d'un ancien volcan, une théorie catégoriquement rejetée par les scientifiques ; pourquoi ?

Les rondeurs du mont Royal percent la géométrie angulaire de Montréal.

Si, durant votre visite, vous ne pouvez pas vous faire accompagner d'un géologue-conseil pour répondre à ces questions, référez-vous aux guides de randonnée publiés par le Centre de la montagne, inc. ; ils sont d'une très grande qualité. La **maison Smith** vous offrira sur place une information utile.

Une montagne vivante

Le mont Royal est depuis fort longtemps fréquenté et exploité par les hommes. À une certaine époque, ils venaient y tailler leurs armes de chasseurs en pierre de silice. Ils n'y furent jamais seuls, cependant. Jusqu'à aujourd'hui, une population animale variée a fait de cet îlot de verdure emprisonné dans un tissu urbain très dense une sorte de Bastille où elle s'ébat en résidence surveillée et où elle peut recevoir la visite amicale des humains. Ratons laveurs, marmottes, écureuils, tamias et même renards roux y sont à l'abri des périls de la cité toute proche. Le lac des Castors est à la disposition des canards colverts tandis que, pour faire leurs nids, les oiseaux n'ont qu'à choisir parmi la grande variété d'essences forestières.

De hauts chênes centenaires coiffent le sommet de la montagne, alors que le bouleau à papier se retrouve plus naturellement sur ses pentes bien éclairées. Le peuplement d'érables de Pennsylvanie, le plus important du parc, colore généreusement les lieux, l'automne venu. Chênaie, bétulaie et érablière forment un majestueux couvert pour la grande variété de fleurs, d'herbes et de fougères qui longent les sentiers et les ruisseaux, donnant vie à la montagne.

Un panthéon

La ville des morts surplombe celle des vivants.

De tout temps, les sites élevés ont accueilli les défunts. Au mont Royal, deux cimetières confirment cette réalité qui transcende les époques et les régions. Le **cimetière Notre-Dame-des-Neiges**, un des plus grands du pays, veille sur le dernier repos de nombreux personnages : artistes, écrivains, savants, dirigeants, bref, une source de fierté nationale. Tout à côté, le **cimetière du Mont-Royal** est un jardin monumental où l'hommage aux défunts a produit de nombreuses œuvres d'art harmonisant sculpture et horticulture.

En montant vers les hauteurs du parc.

Un observatoire multiple

Jacques Cartier l'avait écrit : le mont qu'il qualifia de Royal est « une montaigne [...] de dessus laquelle on voyt fort loing ». Il ajoutait que la vue s'étendait sur « trente lieues autour d'elle ». Vous pourrez facilement le constater : une dizaine de points de vue sont aménagés au fil des sentiers qui sillonnent la montagne. Pour jouir du meilleur panorama qu'on puisse avoir du centre-ville, marchez jusqu'au belvédère du **Chalet** ; vous verrez Montréal exhiber fièrement sa géométrie horizontale et verticale. En toile de fond, par temps clair, on peut voir les collines montérégiennes émerger de la vaste vallée du Saint-Laurent ; elles donnent la mesure du paysage. Entre les deux, le fleuve tire une longue ligne qu'enjambent les ponts qui arriment l'île de Montréal à la plaine. Un lieu d'observation pour comprendre la ville.

Vous êtes pressé ? Stationnez votre véhicule au belvédère Camillien-Houde. De là, le regard porte loin vers l'aval du fleuve et découvre les quartiers qui prolongent, vers l'est, la partie centrale de la ville, observée depuis le belvédère du Chalet.

La ville monte à l'assaut de la montagne.

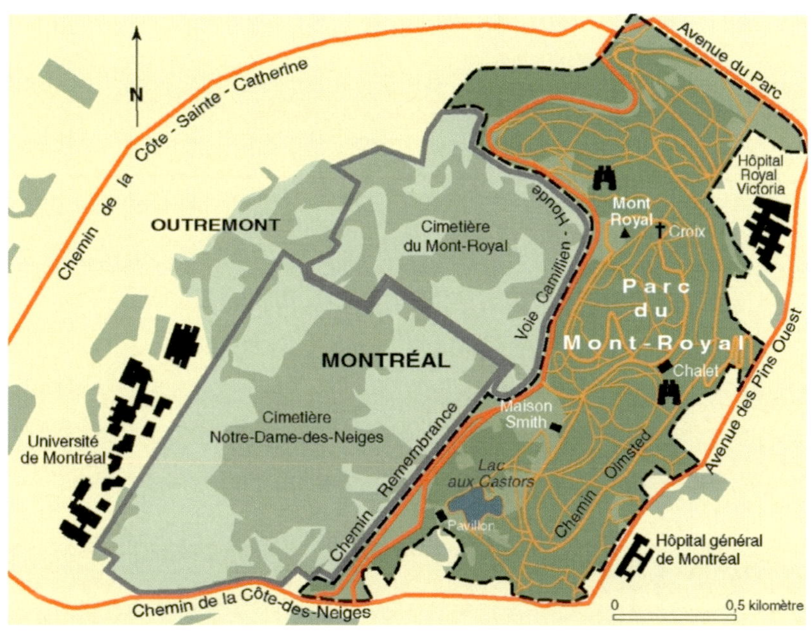

Comment s'y rendre ?

La **voie Camillien-Houde** traverse le **parc du Mont-Royal** de part en part. À partir du terrain de stationnement situé à mi-parcours, un réseau de sentiers permet d'atteindre les quatre coins de la montagne et même de redescendre directement vers la ville par un escalier de 200 marches.

Airs de famille

chez nous

Il faut voir les montagnes sœurs qui sertissent la plaine et forment, avec le mont Royal, la famille des collines Montérégiennes : les monts Saint-Bruno, Saint-Hilaire, Saint-Grégoire, Rougemont, Yamaska, Shefford et Brome.

ailleurs

La montagne de Chapultepec, coiffée d'un parc boisé sillonné de sentiers, perce l'immense damier urbain de la ville de Mexico. Sur son flanc, de nombreux Mexicains y ont trouvé leur dernière demeure.

Pour en savoir plus

Le mont Royal. Le monument naturel de Montréal, Montréal, Ville de Montréal, Centre de la montagne, inc., 1999, 33 pages, illustrations.

Le mont Royal revisité. Le chemin Olmsted, Montréal, Ville de Montréal, Centre de la montagne, inc., 31 pages, illustrations.

O'NEIL, Jean. *Les Montérégiennes,* Montréal, Libre Expression, 1999, 197 pages.

Les ondulations du Sud

Les ondulations du Sud

Sur presque toute sa longueur, la frontière méridionale du Québec traverse ou longe les Appalaches, une chaîne de montagnes qui s'étend depuis le sud-est des États-Unis jusqu'à la pointe extrême de la Gaspésie. Elle se distingue nettement du plateau laurentien : elle est constituée de roches sédimentaires, beaucoup plus jeunes, moins résistantes et fortement plissées. Les reliefs de ces deux régions sont donc essentiellement différents. Aux formes irrégulières, massives, désordonnées du relief laurentien s'oppose un pays rythmé par une série de crêtes et de vallées longitudinales, toutes orientées selon un grand axe qui, du sud-ouest au nord-est, traverse en diagonale tout le sud du Québec.

La forme allongée du **lac Memphrémagog** souligne clairement l'orientation générale des Appalaches, comme la plupart des lacs de la région. Collines et montagnes se disposent dans le même ordre. En se rapprochant du fleuve à la hauteur de Kamouraska, les Appalaches ménagent leur passage vers la plaine progressivement et avec douceur. Les alignements montagneux perdent de leur vigueur et se scindent en une multitude de cabourons, ces petites collines qui sont comme ennoyées dans la plaine avant de sombrer dans les eaux du fleuve où elles forment des îles. La **montagne à Coton** est l'endroit idéal pour observer ce phénomène, si particulier au « doux pays » de Kamouraska. En aval, les cabourons se ressaisissent et forment, au **Bic**, de vigoureux reliefs littoraux.

Plus loin encore, les Appalaches prennent du panache et atteignent des altitudes qui font du **parc de la Gaspésie** un des toits du Québec. Les paysages y sont majestueux mais le climat impose des contraintes qui le désignent comme un lieu de loisir et de sport, à la différence des Appalaches du sud-ouest où des activités agricoles pavent avec succès le fond des vallées.

Lorsqu'elles atteignent leur extrémité septentrionale, les Appalaches terminent leur course en beauté. Au **parc Forillon**, elles avancent un long doigt pour indiquer que, là, le golfe du Saint-Laurent est déjà une mer. Un peu plus au sud, le **rocher Percé** présente un scénario analogue en prolongeant, sous forme de péninsule ou d'île, selon les marées, l'extrême avancée de la chaîne montagneuse la plus longue de l'est des Amériques.

Mais le Québec ne s'arrête pas là. Les **îles de la Madeleine**, plantées au milieu du golfe du Saint-Laurent, sont les premières du Québec à saluer l'arrivée des Européens qui s'engagent dans le grand fleuve. En le remontant, ces voyageurs passeront en revue la garde d'honneur qui les encadrera sur un millier de kilomètres, Laurentides au nord, Appalaches au sud, pour ensuite voguer à fleur de plaine. Dès lors, ils auront déjà une idée de ce pays, aussi varié que vaste, doté d'une géographie généreuse et harmonieuse. Un pays qui recèle à la fois des richesses dont l'**amiante de Thetford** n'est qu'un exemple et des coins d'une grande poésie, comme les **Jardins de Métis**.

Par monts et vallées, au gré des ondulations du Sud, nous vous incitons à visiter les neuf sites que nous avons choisis pour rendre justice à la beauté et à l'intérêt de la partie méridionale du Québec.

Si vous apercevez Memphré...

« Si vous apercevez le monstre, communiquez avec la Société internationale de dracontologie du Lac-Memphrémagog. On vous remettra un certificat d'authenticité. »

Avis recueilli dans Internet

Le lac Memphrémagog

Un lac typiquement appalachien

Le grand arc montagneux qui s'étire depuis l'Alabama jusqu'à la pointe de Gaspé dessine, dans le sud des Cantons-de-l'Est, une courbe que souligne nettement le lac Memphrémagog. Il s'étend sur une trentaine de kilomètres au Québec et se prolonge dans l'État du Vermont, donnant ainsi le ton aux autres nappes d'eau de la région – le lac Magog, le lac Massawippi et la baie Fitch – de même qu'aux chaînons montagneux qui s'alignent à leur suite. On pourrait imaginer qu'un Cyclope a labouré toute la région de ses gigantesques doigts, les larmes de la terre occupant les sillons séparés par les énormes crans qui, disposés en rangées, les escortent fièrement. Ainsi, les monts **Bear**, **Owl's Head**, **Sugar Loaf** et **Hog's Back** font cortège au lac Memphrémagog sur sa rive Ouest. L'automne pour les couleurs, l'hiver pour le ski, empruntez le téléphérique du mont Owl's Head ; faute de pouvoir voler comme le hibou éponyme de ce belvédère naturel, de là-haut, vous aurez le loisir d'admirer la beauté du paysage appalachien et d'en saisir le sens.

Une sortie réussie

Le lac est entouré de forêt… et de propriétés privées.

Magog a bien mérité le surnom – *the Outlet* – qu'on lui a attribué aux temps des filatures. C'est là qu'à la toute fin du XVIIIe siècle, un des nombreux loyalistes de la Nouvelle-Angleterre venus s'installer dans la région, Nicolas Austin, a mis à profit ce site favorable et construit, à la sortie (*outlet*) du lac, un moulin qui sera le point de départ de l'industrialisation de Magog. Moulins à farine, moulins à scie et moulins à carder se sont multipliés. Plusieurs demeures patrimoniales témoignent du succès économique que ces entreprises ont constitué.

À sa vocation industrielle, qui lui avait valu cet autre surnom de « Manchester des Cantons-de-l'Est », Magog a maintenant ajouté la vocation touristique, laquelle prend le relais d'une production textile qui, à une certaine époque, a été le moteur de son essor économique. Ainsi, la ville et ses environs proposent des activités tout au long de l'année : l'été, baignade à la plage, voile, cyclisme, golf ; vendanges et randonnées en forêt sous les coloris d'automne ; et, en hiver, ski alpin sur une des pistes du **mont Orford** et pêche blanche sur le lac.

À Vale Perkins, un coin d'Ukraine en Estrie.

Une région œcuménique

Plusieurs représentants des nations amérindiennes, dont les Abénaquis et les Mohawks, se sont croisés sur le territoire qui entoure le lac Memphrémagog. Des pétroglyphes trouvés à **Vale Perkins** en témoignent, du moins est-il permis de le croire. La venue des loyalistes à l'époque de la révolution américaine a donné à la région un cachet particulier, notamment dans l'architecture qui, aujourd'hui encore, préfigure le pays voisin. Maisons, magasins, églises de diverses confessions, gares, cimetières et ponts couverts font encore aujourd'hui fidèlement écho aux paysages humanisés de la Nouvelle-Angleterre, même si les francophones représentent les trois quarts de la population de la municipalité régionale de comté (MRC) de Memphrémagog.

Si l'augmentation progressive du peuplement canadien-français a ajouté à la variété du paysage construit, d'autres groupes ethniques sont également venus enrichir la diversité culturelle des lieux, de quoi assurer une précieuse contribution au Festival multiculturel, tenu chaque année à Potton, à une dizaine de kilomètres à l'ouest du lac.

Non loin de là, à **Highwater**, collée à ses voisins du Sud, une véritable petite Russie attire chaque dimanche des fidèles orthodoxes des deux côtés de la frontière. Il y a là de quoi rappeler la lointaine mère-patrie : l'église avec son clocher bulbeux, le cimetière planté de croix qu'on a personnalisées au moyen d'inscriptions cyrilliques, le petit oratoire au bord d'un étang, le tout dans un environnement digne des peintres naturalistes de la Russie du XIXe siècle. Près du lac, à Vale Perkins, une jolie église ukrainienne, de rite catholique, témoigne de la présence d'une colonie ruthène, installée dans la région depuis un demi-siècle. Au total, des fidèles d'une vingtaine de nationalités s'y retrouvent.

«Vous *m'en phré* croire»

Un site et une architecture propices au recueillement : Saint-Benoît-du-Lac.

« Vous *m'en phré* croire », de dire les sceptiques. Depuis un siècle et demi, nourris par une vieille légende amérindienne, plus de 200 témoignages rapportent les apparitions d'un monstre marin qui aurait la forme d'un long serpent à dos crénelé. On a même cartographié ses apparitions. Dracontologues et cryptozoologues se sont lancés dans des recherches pour trouver ce mystérieux pensionnaire du lac. Terriblement discret, il fuit les paparazzi et ne prend jamais de bain de soleil ; mais il sait soigner sa publicité.

Prière, musique et fromage

Croyant ou pas, on ne peut rester indifférent à l'atmosphère de calme et de recueillement qui se dégage de **Saint-Benoît-du-Lac**, à l'intérieur du monastère des pères bénédictins comme tout autour. En effet, la nature a généreusement doté la région de contours aussi calmes et apaisants que la musique qui résonne dans les murs de l'abbaye à l'heure des offices. Le style des édifices est à l'avenant : l'œuvre de Dom Bellot, également architecte de l'oratoire Saint-Joseph de Montréal, concilie équilibre, sobriété et raffinement.

La devise de l'ordre de saint Benoît est *ora et labora*, « prie et travaille ». La vie des bénédictins n'est donc pas que contemplative. La soixantaine de moines de l'abbaye élèvent des bovins Charolais, cultivent la pomme et fabriquent du chocolat ainsi que des fromages très appréciés.

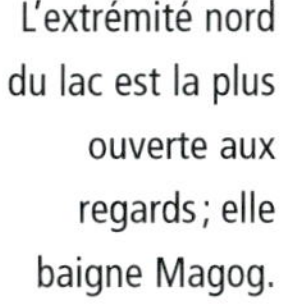

L'extrémité nord du lac est la plus ouverte aux regards ; elle baigne Magog.

Un tour du lac ?

Impossible de faire le tour du lac sans passer par les États-Unis et il n'y a plus de traversier qui permette de passer d'une rive à l'autre. Cela impose au visiteur une heureuse obligation : au départ de Magog, longez le lac des deux côtés et revenez en parallèle par les villages de l'arrière-pays. Vous aurez ainsi l'occasion d'avoir une bonne idée de la diversité de la région.

Quant au lac lui-même, c'est évidemment par voie d'eau qu'il faut le visiter, et ce, pour deux raisons. La première tient au fait que la route principale ne s'approche du lac qu'à de très rares occasions. Outre Magog, bien sûr, trois sites offrent de belles échappées sur le lac depuis la rive orientale : à **Georgeville** – d'où l'on voit le campanile de l'abbaye percer discrètement le couvert forestier –, à **Bay Harvey** et à **Cedarville**. La deuxième raison est d'ordre socio-économique, pourrait-on dire. C'est que les abords immédiats du lac ont été tôt occupés par de riches propriétaires dont les domaines interdisent maintenant l'accès au lac. À moins d'invitation…

Heureusement qu'il y a les quais.

Comment s'y rendre ?

Au départ de Montréal, comptez un peu plus d'une heure et, par l'autoroute des Cantons-de-l'Est, vous vous rendrez directement à Magog, situé à l'extrémité nord du lac Memphrémagog. De là, deux possibilités s'offrent à vous pour vous familiariser avec le lac. La promenade qui le longe donne sur le quai d'où partent des excursions de quelques heures en bateau. Par ailleurs, une journée entière vous sera nécessaire si, en automobile, vous utilisez toutes les bretelles qui, de la route principale, vous permettront d'aboutir au lac. L'intérêt est proportionnel au temps investi.

Airs de famille

chez nous

Comme le lac Memphrémagog, le lac Pohénégamook est longiforme et flanqué de montagnes. Surtout, il a également son monstre – que l'on cherche encore, là aussi.

ailleurs

Comme les lacs Memphrémagog et Pohénégamook, le Loch Ness, en Écosse, est un lac également longiforme et flanqué de montagnes. Son monstre, toujours sous le coup d'un avis de recherche, est mondialement célèbre.

Pour en savoir plus

La MRC Memphrémagog, Sherbrooke, MRC de Memphrémagog, 1993, 105 pages.

Sur la route des diligences, à la découverte de la MRC de Memphrémagog, 2001, 12 pages.

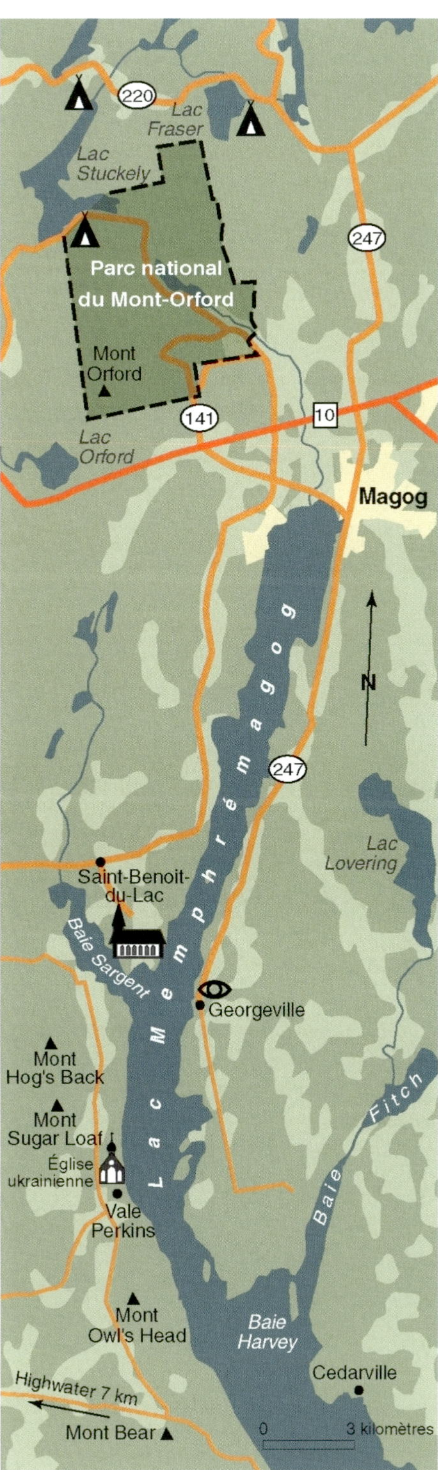

Une pierre aigre-douce

« *Les nuages endurcis*

dans la pierre de laine

écorchent la rose

tendre des soupirs »

Jean Dif

(Poème inédit)

L'amiante de Thetford

Au pays de la pierre à coton

On imagine ce qui, en 1876, bouillonne dans la tête du cultivateur Joseph Fecteau le jour où il tient dans ses mains la pierre qu'il vient de trouver sur la terre d'un dénommé Ward et dont l'aspect ne manque pas de l'intriguer : de couleur verdâtre, elle a une texture tendre et rubannée, ne ressemble à aucune autre roche connue de lui et, oh ! mystère, elle s'effiloche en fibres soyeuses.

En voilà assez pour lui faire soupçonner que cette étrange matière est autre chose qu'une vulgaire roche. Il pense à l'or qui a fait tourner tant de têtes. Il pense aussi au coton. Cette matière ne pourrait-elle pas, elle aussi, se trouver sous terre, comme le sel que la mer n'est pas la seule à livrer ? Bien sûr, ce n'était ni or ni coton.

L'expression « pierre à coton » est restée, mais la nature exacte de la trouvaille de Joseph Fecteau a été déterminée assez tôt par des géologues de Boston, qui y ont également vu l'intérêt d'exploiter les filons d'amiante qui venaient d'être découverts.

Une foi qui déplace les montagnes

Un cratère de main d'homme...

Impressionnés par la qualité de la fibre d'amiante, les investisseurs ne tardent pas à arriver dans la région. La foi dans le potentiel économique de l'amiante – partagée par des promoteurs d'industries complémentaires comme les chemins de fer, la machinerie nécessaire à l'extraction, au traitement et au transport du minerai – engendre une véritable ruée vers l'or blanc. La découverte attire les chevaliers d'industrie américains et britanniques ainsi que les travailleurs québécois.

Par des moyens d'abord primitifs et laborieux puis, à partir de 1890 surtout, grâce à des technologies de plus en plus performantes, on creuse et on creuse. On creuse beaucoup, car l'amiante ne représente qu'un pourcentage très faible de la masse qu'on extrait : à peine 5 %. L'importante quantité de roche stérile se traduit par l'édification de **haldes,** ces montagnes de déchets minéraux qui, par leurs dimensions, font concurrence aux nombreuses montagnes de la région.

Vers le centre de la terre

En 2003, deux mines sont encore en opération : la **mine Bell,** qui extrait l'amiante tout au long des 15 km de galeries souterraines, à côté et en dessous de la ville de Thetford Mines ; et la **mine Black Lake** qui, à proximité de l'agglomération du même nom, exploite le minerai à ciel ouvert. On a ainsi construit un amphithéâtre de géants dont les gradins se succèdent à raison d'écarts de 10 m jusqu'à atteindre une profondeur de 350 m.

Lors de la visite de cet impressionnant chaos, dont le fond et les terrasses sont peuplés de machines à côté desquelles l'homme apparaît comme un moucheron, on se plaît à dire que la tour Eiffel n'en dépasserait pas les rebords. Le **belvédère** aménagé au bord de la Route 112 offre vers le centre de la terre une vue à couper le souffle. Et pour comprendre le sens profond de ces paysages, une visite au **Musée minéralogique et minier** s'impose.

... et une ville sur ses bords.

Une roche malsaine ?

L'amiante a fait couler beaucoup d'encre… et de larmes, car ce n'est que tardivement que l'on a pris conscience de la toxicité de sa poussière. Il faut reconnaître que les progrès technologiques dans le domaine des maladies industrielles et le cadre réglementaire de contrôle des conditions de travail ont à cet égard changé fondamentalement la situation. Aujourd'hui, la concentration de fibre par centimètre cube est maintenue à moins de la moitié de la norme établie par le Bureau international du travail. Cette amélioration n'a cependant pas encore surmonté la mauvaise publicité faite à l'amiante, de sorte qu'aujourd'hui plus de 90 % de la production québécoise est acheminée vers les pays asiatiques qui n'ont pas suivi les législations américaines et européennes prohibant l'usage de l'amiante.

Un clin d'oeil à l'héraldique

Outre des outils de mineurs et trois montagnes (naturelles ou de main d'homme ?), les armoiries de la ville de **Thetford Mines** arborent une salamandre. Cette iconographie renvoie au Moyen Âge, alors que ce batracien était réputé insensible au feu et que sa peau constituait un matériau incombustible, d'où l'expression « toile de salamandre » pour désigner un tissu fait de fibre d'amiante.

Fragment de « pierre à coton ».

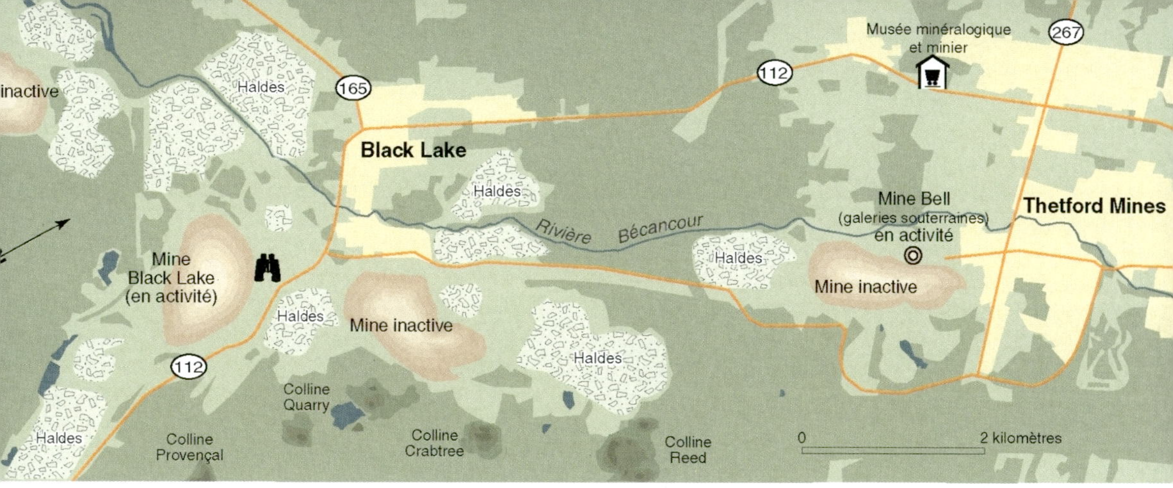

Comment s'y rendre ?

De Montréal, on arrive par la **Route 165**. Devant la dernière courbe avant Black Lake se déploie le décor typique d'une exploitation minière : un exemple représentatif de la beauté des paysages industriels trop souvent boudés.

De Québec, avant d'arriver à Thetford Mines, la **Route 112** en offre un avant-goût, car elle longe une série de montagnes de déchets miniers qui émergent de la forêt environnante.

Airs de famille

chez nous

D'autres grands trous percent l'épiderme du Québec. Les carrières de granite ont l'avantage de fournir une pierre qui est utile presque intégralement. Près de Mont-Laurier, la carrière de Guénette est peu connue mais impressionnante.

ailleurs

En beaucoup plus grand, et en plus blanc, le marbre de Carrare jouit d'une réputation proportionnelle aux immenses carrières d'où on l'extrait. Et en noir, les mines de charbon à ciel ouvert du Kouzbass sont également aux dimensions du quasi-continent sibérien.

Pour en savoir plus

De la pierre à coton à la fibre de chrysotile; plus de 120 ans d'évolution dans les mines d'amiante, Thetford Mines, Musée minéralogique et minier de Thetford Mines, 1999, 120 pages.

Cinq-Mars, François. *Thetford Mines à ciel ouvert. Histoire d'une ville minière,* Thetford Mines, 1994, 596 pages.

Fecteau, Nelson. *La cité de l'or blanc. Thetford Mines 1876-1976,* Thetford Mines, Éditions J.-C. Poulin, 1975, 546 pages.

Un ermite sympathique

« *Johnny Lainé était son nom*

Ange de Dieu ou bien démon

Johnny Lainé était son nom

Grande prière et sainte misère

Mais tout l'monde l'appelait Coton [...] »

Marc Chabot
Coton
(Musique : Pierre Duchesne
et Claire Pelletier)

La montagne à Coton

Là-haut sur la montagne...

Il y a de cela un siècle et demi, chaque année durant plus d'une décennie, quand la neige quittait le pays, Coton prenait le relais. Il arrivait on ne sait trop d'où, vêtu de blanc, d'où son surnom, et s'installait sur sa petite montagne du haut de laquelle il « zyeutait » non seulement le village de Saint-Pascal et son clocher, en contrebas, mais également six autres clochers, six autres bornes sur le chemin de son salut. C'est ainsi, du moins, que les curés de la région, concurrents de Coton, considéraient leurs temples.

Coton leur faisait en effet concurrence. Il avait construit un oratoire dédié à la Vierge Marie et, de partout dans la région, on venait y prier et, à l'occasion, dit-on, prendre un petit coup en compagnie de Johnny Lainé, dit Coton. Ce sympathique ermite, dit-on encore, ne dédaignait pas l'agréable compagnie des « créatures », de sorte qu'on ne sait toujours pas s'il avait élu domicile au sommet d'un de ces curieux cabourons qui font l'originalité de Kamouraska pour se rapprocher de Dieu ou pour s'éloigner du curé, qui finit d'ailleurs par l'expulser. Quoi qu'il en soit, fidèles et touristes avaient – et ont encore – une excellente raison de gravir la montagne à Coton, car le panorama qu'offre ce belvédère naturel est exceptionnel.

Des îles noyées dans la plaine

Fleuve, collines, lambeaux de forêt, routes, tout s'aligne du sud-ouest au nord-est.

Du **belvédère** qui coiffe la montagne à Coton, la plaine de Kamouraska illustre avec une étonnante clarté toute une leçon de géomorphologie. Vers le sud, on devine les longs plis des Appalaches qui descendent progressivement vers le Saint-Laurent. On y voit la nette alternance de crêtes de roches dures qui ont résisté à l'érosion et de vallons de roches tendres qui ont, au contraire, été facilement érodées. Comme si les ondulations de la montagne appalachienne perdaient de la vigueur en se rapprochant du fleuve, elles s'affaissent, se morcellent en une série de lambeaux de montagnes que, dans la région, on appelle « cabourons », colmatés par une plaine alluviale qui fait une transition vers le fleuve.

Le même scénario morphologique caractérise l'ensemble de la région du Bas-Saint-Laurent, en se manifestant d'une façon de plus en plus énergique d'amont en aval. En face de l'île d'Orléans, une alternance de pointes et d'anses rappelle la direction générale des Appalaches. Devant Montmagny, de nombreuses îles s'étirent de sud-ouest en nord-est, faisant écho aux dernières collines appalachiennes s'allongeant de semblable façon. Au Kamouraska, des cabourons, noyés dans le fleuve, deviennent des îles ; tel est le cas de l'**archipel des Pèlerins**. Cabourons, crêtes rocheuses, presqu'îles, tombolos (comme celui, très net, de la **pointe Saint-André**), îles effilées, autant de formes de terrain qui participent d'un même phénomène : l'ennoyage des derniers plis des Appalaches lentement digérés par le fleuve. Quel bel exemple du savoir-faire de la nature qui sait ménager les transitions entre la montagne, la plaine et la mer ! Le Kamouraska mérite bien son surnom de « doux pays ».

Comment les cabourons deviennent des îles ou comment des îles deviennent des cabourons.

Entre mer et montagne

Une de ces îles de plaine appelées « cabourons ».

Le pays de Kamouraska est une région de transition. La montagne n'est pas loin ; la mer non plus. À **Saint-Pacôme**, il vaut la peine de monter la côte qui mène à Mont-Carmel (la côte Norbert, surnommée la « côte des Chats ») et d'arrêter au belvédère de la Croix. De cet ultime balcon des Appalaches, on découvre dans sa majestueuse logique ce pays « cabouronneux » qu'est la plaine de Kamouraska. On comprend aussi comment les cabourons – alignés dans le sens des Appalaches, c'est-à-dire sud-ouest, nord-est – sont prolongés par des îles alignées de manière semblable. Et on se prend à penser à ces petites roches plates qu'on lance à fleur d'eau pour les faire rebondir…

Certains cabourons ont une personnalité plus forte que d'autres. La **montagne Mississippi** présente au fleuve une face abrupte que les amateurs d'escalade fréquentent de plus en plus. Ils sont d'ailleurs bien récompensés de leur audace car, de là-haut, la vue sur Charlevoix, par-delà le Saint-Laurent, permet d'embrasser d'un seul coup d'œil les trois grandes régions géographiques du Québec.

Kamouraska, un repère patrimonial.

Et autour . . .

Serait-ce la douceur du pays qui a inspiré aux architectes les lignes harmonieuses de ces maisons où les angles droits laissent place à des courbes délicates ? Voyez ces larmiers cintrés qui adoucissent les façades des maisons kamouraskoises ; le village de **Kamouraska**, comme plusieurs autres d'ailleurs, offre de nombreux exemples de cette attachante architecture. Là encore, le doux pays prend tout son sens.

Dans le Kamouraska, le savoir-faire ne s'est pas borné à l'architecture résidentielle. Les rivières qui, de la montagne au fleuve, se permettent des sautes d'humeur bénéfiques se sont volontiers prêtées à divers usages. Moulin banal, moulin seigneurial, moulin à farine, moulin à scie, en voilà assez pour alimenter un circuit patrimonial que l'on a bien nommé la « route des Moulins ».

Au Kamouraska, on est passé maître dans l'art de domestiquer les eaux, celles des rivières mais aussi celles de la mer. De Montmagny à Trois-Pistoles, la côte Sud est bordée de prairies littorales, ce que le nom de *Kamouraska* révèle d'ailleurs, puisqu'en langue algonquine ou micmaque il signifie « là où il y a des joncs au bord de l'eau ». Or, exposés à l'ennoyage par des marées de 5 ou 6 m, ces prés méritaient d'être protégés. C'est un agronome de la région, Jean-Daniel Smouth, qui a mis au point un système ingénieux afin d'assurer cette protection : les aboiteaux, des digues littorales qui, à marée montante, empêchent l'eau salée d'envahir les champs et, à marée basse, laissent l'eau douce s'écouler vers le fleuve. Une solution qui, aux yeux des écologistes, respecte la sauvagine et son besoin vital en matière de milieux humides.

Kamouraska : le doux pays et ses îles.

FLEUVE SAINT-LAURENT
Tombolo
Ancien tombolo
Baie de Kamouraska
Aboiteaux
Kamouraska
Saint-Denis
Route des Pionniers
132
Rivière aux Perles
Saint-Germain
Montagne Mississippi
Cabourons
Pointe Saint-André
Tombolo
Archipel des Pèlerins
Saint-André
40
Montagne à Coton
Saint-Pascal
t-Pacôme
Saint-Philippe-de-Néri
Mont-Carmel
0 2 kilomètres

Comment s'y rendre ?

L'Autoroute 20 passe à proximité de la montagne à Coton. La sortie Saint-Pascal vous donne un accès immédiat au site, de même qu'au village de Kamouraska et à la route des Moulins.

Airs de famille

chez nous

Les Montérégiennes, qui percent la plaine de Montréal, ont des airs de famille avec les cabourons de Kamouraska. Mais attention : les géomorphologues vous diront que leur origine est tout à fait différente.

ailleurs

En plein milieu du désert australien, Ayer's Rock est l'équivalent mégalithique des cabourons. La comparaison est grosse, aussi grosse que ce monolithe de 350 m de hauteur, considéré comme le plus gros rocher du monde.

Pour en savoir plus

OPÉRATION HÉRITAGE KAMOURASKA. *Kamouraska. Raconte-moi le doux pays.* Kamouraska, Le Doux Pays, 2000, 134 pages.

VIEL, Jean-David. *Guide écotouristique du Bas-Saint-Laurent,* Éditions Lumec, 134 pages.

Et l'ange créa le Bic

« À l'origine du monde, Dieu confia à un ange le soin d'aller distribuer les montagnes aux quatre coins de la terre. Au bout de son périple, fourbu, l'ange décida de secouer son manteau pour vider sa besace des petites montagnes qui lui restaient. Ainsi naquirent, entre terre et mer, les cabourons du Bic. »

Légende régionale

Le Bic

Une joute entre mer et montagne

De Kamouraska jusqu'à Rimouski, la côte Sud est, depuis des millénaires, l'impassible témoin d'une joute courtoise entre les Appalaches et le Saint-Laurent. Tout au long de cette longitudinale rencontre, la mer gruge la montagne ou, au contraire, lui apporte en cadeau des sédiments qui adoucissent la ligne de son rivage. La mer attaque, la montagne résiste et, ce faisant, elles construisent ensemble des formes originales.

Le climat célèbre aussi à sa façon le mariage de la mer et de la montagne. Les eaux saumâtres du Saint-Laurent influencent la végétation de la côte, également conditionnée par la variété géologique du terrain. Aussi, chaque saison apporte par air et par mer son cortège de visiteurs qui bénéficient de la végétation littorale.

Une leçon de géomorphologie littorale

Derrière les hauts remparts naturels du littoral, une agriculture encore active.

Mer et montagne sont donc solidaires dans l'entreprise de construction des paysages littoraux. Le Bic est à cet égard un lieu d'observation privilégié en raison de la netteté et de la variété des phénomènes géomorphologiques qui s'y concentrent. Ainsi, quels beaux exemples de tombolos, ces rochers qui seraient encore des îles si, par son apport quotidien, la mer ne les avait rattachés au rivage par des langues de terre qui font office de jetées !

Le profond souffle de la mer travaille la rive deux fois par jour ; ses poussées et ses retraits transportent sable et galets, mais aussi des plantes flottantes qui colonisent le rivage pour ensuite être arrachées et transportées ailleurs. Résultat : marais salés et grèves sableuses ou rocheuses alternent. L'hiver, le combat se fait plus dur ; au gré des marées qui varient de 3 à 5 m, les glaces flottantes charrient roches et arbres morts. Le printemps venu, ces épaves naturelles encombreront les estrans pour une, dix ou cent saisons. Vous avez déjà visité les lieux ? Retournez-y, vous verrez que le paysage s'est modifié. Il le fait constamment.

Comme dans Kamouraska, mais ici plus nettement encore, les plis des Appalaches se prolongent du côté du fleuve qu'ils abordent de biais. Un scénario en *crescendo* s'élabore ainsi d'ouest en est. Mais la formule est la même de bout en bout : cabourons dans la plaine, îles dans l'estuaire, tombolos et presqu'îles à la jonction des deux.

Les formes contrastées des caps et des baies qui ourlent le littoral confèrent au site une apparence très variée. Certaines crêtes rocheuses, plongeant directement dans la mer, constituent des falaises vives. D'autres ménagent le passage de la terre à la mer par des escaliers de terrasses marines qui témoignent des étapes du retrait de la mer après la période glaciaire. Pas étonnant que le site ait longtemps servi de camp de familiarisation pour les étudiants en géographie.

Baie ou prairie, alternativement, au gré des marées.

Et la vie qui bat

La variété animale est à la mesure de la diversité morphologique. Eiders à duvet, goélands argentés et cormorans à aigrette peuplent les îlots et les falaises. Au printemps, des rapaces séjournent dans la région. Un peu de patience vous permettra, des bords de l'**anse à l'Orignal** ou de la **pointe aux Épinettes**, de voir pointer hors de l'eau le museau de quelque phoque gris ou commun. Sur terre, vous pourrez observer le vulnérable porc-épic dans sa lente déambulation.

Un aménagement adéquat

Le Bic, les pics : même origine.

Depuis 20 ans, les lieux jouissent du statut de parc de conservation dans lequel on a délimité des aires particulières selon l'importance de la préservation que les experts veulent assurer, et ce, tant en milieu terrestre qu'en milieu aquatique. Pour que les visiteurs soient à même d'embrasser tout le site d'un coup d'œil, on a aménagé deux belvédères qui offrent une vue en plongée particulièrement saisissante : le **belvédère Raoul-Roy,** où on propose une interprétation toponymique des lieux ; et le haut du **pic Champlain**, qui culmine à 350 m d'altitude. Son nom rappelle que le fondateur de Québec avait décrit ce « Bicq », qui constitua dès lors un point de repère important pour les navigateurs. C'est d'ailleurs au Bic que s'est effectué durant de nombreuses années le changement de pilote des océaniques qui pénétraient dans le Saint-Laurent, voie navigable considérée comme difficile sinon dangereuse.

Une douzaine de sentiers de difficulté variable et de longueur allant de 1 à 5 km de même que quatre pistes cyclables sillonnent le parc. À fleur de mer ou du haut des promontoires, les points de vue abondent et permettent de découvrir tous les aspects du parc. Camping, rampes de mise à l'eau, aires de pique-nique et centre d'interprétation complètent la gamme des aménagements.

En attente de la visite des îles.

Tout près...

Le Bic est à une quinzaine de kilomètres de Rimouski, d'où partent 15 km de sentiers d'interprétation du littoral et de la rivière Rimouski. Sur un autre mode, le Musée régional de Rimouski, installé dans la plus vieille église de la ville, présente des expositions consacrées à l'histoire régionale et aux sciences de la mer.

L'îlet au Flacon, un bel exemple de tombolo.

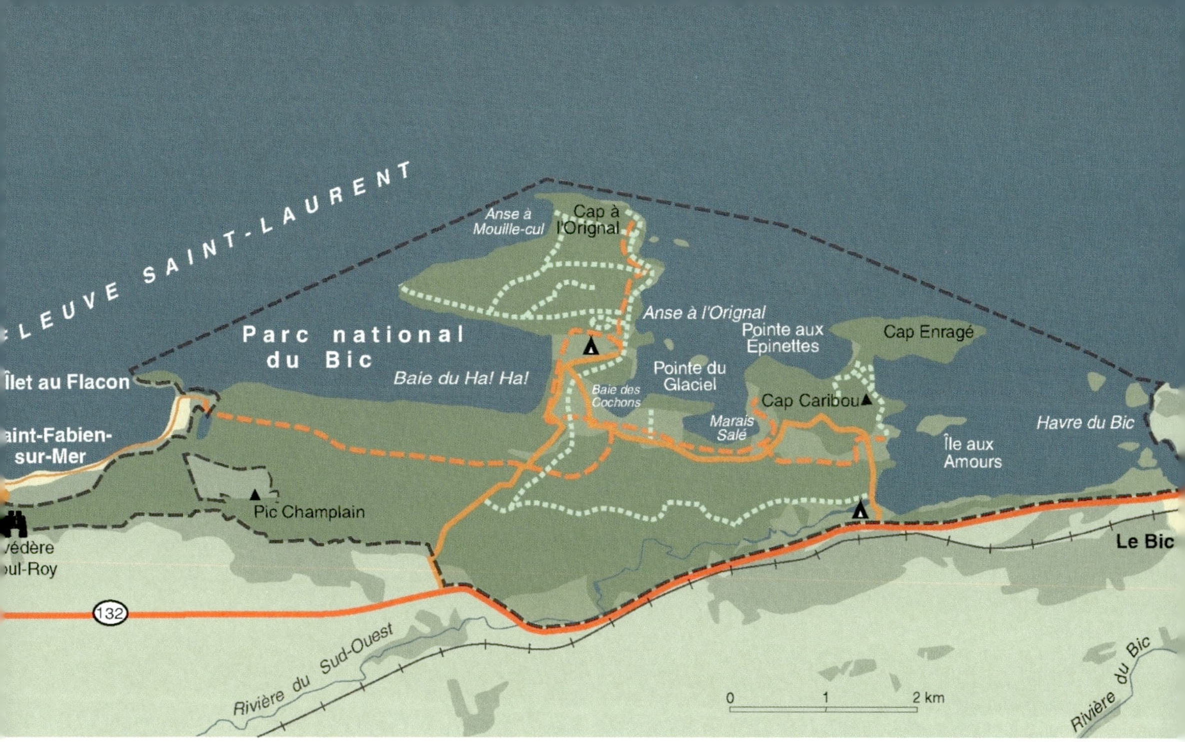

Comment s'y rendre ?

La Route 132 vous amènera de Montréal jusqu'au Bic en vous offrant un spectacle fluvial puis maritime presque ininterrompu, composé de paysages naturels et humains d'une grande variété.

Airs de famille

chez nous

Kamouraska est en quelque sorte un doux prélude à ce que réserve le Bic au voyageur qui entreprend le tour de la Gaspésie. Les cabourons y sont plus sages et le passage de la montagne à la mer y est plus discipliné, en quelque sorte.

ailleurs

Selon la légende, d'autres régions seraient tombées du ciel. Ainsi, les fils de la déesse Gefion, que celle-ci avait changés en bœufs pour l'occasion, labourèrent la Suède durant un jour et une nuit, puis, dans leur course vers l'ouest, ils laissèrent échapper leur chargement de terre, qui devint le Danemark.

Pour en savoir plus

FORTIN, Daniel. *Le parc du Bic,* Saint-Laurent, Éditions du Trécarré, 1996, 89 pages, cartes.

Le parc du Bic, un paysage dessiné par la mer, Gouvernement du Québec, 1983, 35 pages, illustrations en couleurs, cartes.

Pour les humains et les oiseaux

« *Je partirai mais les oiseaux*
resteront à chanter
Restera mon jardin, avec son arbre vert,
Et avec sa blanche margelle.
Le ciel chaque soir sera paisible et bleu
Je partirai, je serai seul, sans arbre
vert, sans foyer,
Sans blanche margelle, sans ciel paisible
et bleu
Mais les oiseaux resteront à chanter. »

Poème de Carmen Bliss
que Mme Reford avait transcrit
dans son journal.

Les Jardins de Métis

C'est en jardinant...

C'est en jardinant qu'on devient jardinière. C'est ce que nous confirment les minutieuses annotations que, chaque jour, Mme Elsie Reford, récemment installée à Métis, inscrivait dans son cahier de mémoire, à partir du milieu des années 1920 jusqu'à son décès en 1967. En effet, son journal est un véritable manuel d'apprentissage de l'art des jardins : descriptions minutieuses de fleurs photographiées par son mari, Robert Wildon Reford, listes de noms scientifiques d'arbres et de fleurs, annotations sur les variétés d'espèces florales et arbustives, notes de lecture, appréciations de ses fleurs préférées, descriptions des soins requis et de leur calendrier, etc. C'était le jardin secret de Mme Reford.

Dans le sillon de Mme Reford

Une architecture paisible, à l'image des Jardins.

Nés d'un goût indéfectible pour la connaissance, les Jardins de Métis poursuivent leur carrière sur le mode éducatif. Associée à l'organisme responsable du développement et de l'animation des Jardins, les Amis des Jardins de Métis, l'Université de Montréal participe à un programme de recherches et de valorisation de l'horticulture par l'organisation de stages, de visites, de colloques et d'expositions innovatrices : une pépinière d'idées nouvelles. L'exemple de Mme Reford, à l'image de ses arbres et de ses fleurs, a porté fruits. La **villa Reford** est elle-même un petit musée.

Une symphonie de formes et de couleurs

Claude Debussy disait : « Rien n'est plus musical qu'un coucher de soleil. » Il faisait manifestement référence aux vibrations des couleurs qui irisent alors le ciel. Sur terre, les jardins ont aussi quelque chose de musical : l'arc-en-ciel de couleurs, bien sûr, mais aussi l'alignement mélodique des plates-bandes, l'harmonie des formes et des dimensions des bouquets, le phrasé des sentiers parfois rectilignes comme l'allée royale, parfois tout en courbes comme dans le jardin du ruisseau, les variations d'intensité allant du doux *pianissimo* des azalées au robuste *fortissimo* des pins de montagne, les inscriptions qui ponctuent le parcours, etc. Qui sait ? Quelque musicien, chantonnant la valse des fleurs, reconnaîtrait-il parmi elles des tons de basse ou de soprano ? Les grandes symphonies sonores durent moins d'une heure. Il en faut vraiment plus pour apprécier à sa juste valeur l'infinie variété des Jardins de Métis. Consacrez-y une journée, muni d'un manuel d'horticulture.

Entre mer et jardins, la villa Reford.

Une dame multicolore, comme ses jardins

Il vaut la peine, pour comprendre la relation entre Elsie Reford et ses jardins, de connaître sa biographie. La diversité des facettes de ce personnage est remarquable. Elle étudie à Montréal, en France, en Allemagne. Elle s'active dans la défense des droits des femmes ; elle s'implique dans les fêtes du tricentenaire de Québec, dans la politique nationale, dans le soutien aux infirmières de Montréal. Elle assure la traduction de documents de guerre. Côté jardin, on connaît aujourd'hui l'importance de son œuvre, mais il ne faut pas oublier qu'elle ne fut pas avare de ses connaissances horticoles ; de nombreux agriculteurs de la région ont bénéficié de ses enseignements et de ses conseils. Prolifique comme ses jardins.

Métis, un jardin anglais

De la plus petite fleur au plus grand arbre, l'émerveillement.

Le nom de « Métis » est intimement lié à celui de *jardins*. Mais le village lui-même de **Métis-sur-Mer** est aussi un jardin anglais. Ses parterres aménagés à l'anglaise et l'architecture des maisons qu'ils entourent rappellent que la présence britannique s'y est profondément enracinée. Métis-sur-Mer n'est pas la seule enclave britannique en terre gaspésienne, mais la remarquable continuité de son peuplement en fait un cas de figure intéressant.

Un marchand de bois de Québec, John McNider, achète en 1807 la seigneurie de Métis et invite dès 1818 ses compatriotes écossais à venir exploiter les ressources de la région : agriculture et pêche, mais surtout richesses forestières. Les promesses de développement économique inspirent dès lors des chevaliers d'industrie dont un des premiers soucis est de désenclaver la région, à l'ouest par le chemin de fer, au sud-est par la route. Or, à l'époque, les seules personnes à avoir le capital nécessaire pour réaliser de tels investissements se retrouvaient parmi la bourgeoisie anglophone de Montréal et de l'Ontario. Ainsi, Métis accueillit industriels, commerçants et villégiateurs et les vit coordonner leurs désirs de reconstituer un milieu de vie familier en construisant églises, écoles, centre communautaire, golf et, bien sûr, de spacieuses demeures. Par son nom, le village de **Price** rappelle cet épisode.

On le voit aux Jardins de Métis : lorsque richesse et bon goût se marient, une belle harmonie a toutes les chances d'en résulter. Les riches demeures de Métis-sur-Mer, posées sur des terrains élégamment paysagés, en sont une belle démonstration. Ce village a connu, à partir du dernier tiers du XIXe siècle, son véritable développement comme lieu de villégiature pour bourgeois anglophones de Montréal. Une visite au cimetière presbytérien vous révélera les étapes de cette dynastie.

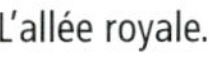
L'allée royale.

Une enclave

Métis-sur-Mer a gardé jusqu'à aujourd'hui une étonnante cohérence et un cachet qui le distingue des authentiques petits villages gaspésiens. Pour constater cette particularité, il s'agit de poursuivre son chemin en direction de Matane. La ligne qui délimite Métis-sur-Mer du côté est apparaît à l'œil nu. On arrive alors aux **Boules**, modeste village qui s'est peuplé, lui, à partir des habitants francophones des deux côtés du fleuve. Le caractère biethnique de ce bout de littoral se manifeste par une amusante curiosité toponymique : un des deux rochers desquels le village des Boules tire son nom a été appelé par d'aucuns *The Bull*.

Fondé par une famille d'industriels, les Price, le village en a gardé le nom.

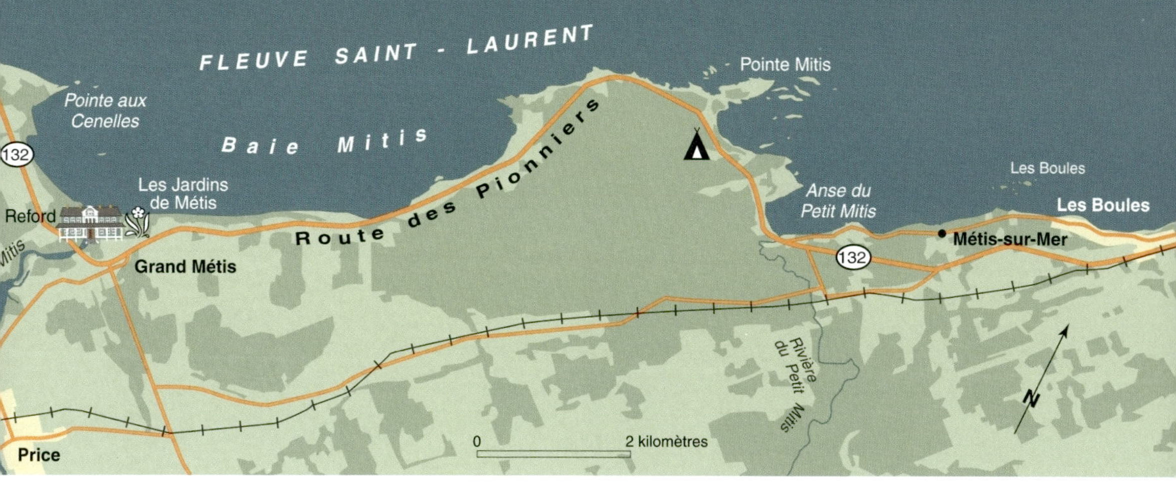

Comment s'y rendre ?

Les Jardins de Métis seront sans doute le premier arrêt de votre tour de la Gaspésie si vous l'entreprenez par le nord. En effet, à 20 km à l'est de la fourche de Sainte-Flavie, les Jardins y sont bien annoncés. Pour apprécier les belles demeures de Métis, quittez la **route des Pionniers** et suivez lentement le chemin de la Mer.

Airs de famille

chez nous

À peu près à la même latitude, les Jardins de Normandin constituent aussi une victoire sur le climat. Par leur contenu, leur approche et leur aménagement, ils diffèrent considérablement de ceux de Métis et leur sont en quelque sorte complémentaires.

ailleurs

Les jardins de Stourhead, dans le Wiltshire anglais, sont sans doute le plus éloquent exemple de l'art paysager anglais, mariant arbres et fleurs domestiques et exotiques.

Pour en savoir plus

REFORD, Alexander. *Jardins de Métis,* Montréal, Fides, Association des jardins du Québec, 2001, 96 pages.

BEAULIEU-ROY, Thérèse. *Métis, lieu de rencontre et de floraison,* Éditions Les Ateliers Plein Soleil, 2002, 249 pages.

Un tas de montagnes

« *C'était dans cette bonne province de Gaspésie, si théâtrale, où du sol on a fait un tas rejeté en arrière, un tas de montagnes pour s'adosser et n'en pas croire ses yeux.* »

Jacques Ferron

Le paysagiste

Le parc de la Gaspésie

Du nord au sud

On peut traverser le Québec de différentes manières. Ce livre, pour sa part, vous le fait visiter du nord au sud. Parmi les sites de l'itinéraire qu'il propose, certains donnent à voir des paysages du nord qui se retrouvent au sud. C'est le cas notamment du **mont Jacques-Cartier** et du mont du Lac des Cygnes. Tous deux offrent un circuit à travers différents écosystèmes qui, en latitude, s'échelonnent de la zone tempérée jusqu'à la toundra alpine. En redescendant des hauts belvédères du parc de la Gaspésie, en quelque 800 m de dénivellation, le randonneur fera l'équivalent d'un millier de kilomètres du nord au sud. Une traversée du Québec… en quelques heures.

Une Gaspésie près du ciel

Une de ces prometteuses fosses à saumons.

La Gaspésie est connue pour le charme parfois sauvage de ses villages côtiers, pour ses anses hospitalières, ses rochers et ses caps photogéniques ; elle est aussi connue et fréquentée pour les chaleurs d'une baie qui porte bien son nom. Mais il est aussi une Gaspésie plus près du ciel, couronnant l'aboutissement du *crescendo* qui fait culminer progressivement les Appalaches vers le nord-est. C'est là que la partie québécoise de cette longue chaîne, qui s'étire depuis l'Alabama jusqu'à la pointe gaspésienne, atteint ses plus hautes altitudes. Le parc de la Gaspésie compte une vingtaine de sommets dépassant les 1 000 m d'altitude dont le mont Jacques-Cartier, le **mont Albert** et le **mont Logan**. Tapissé d'une végétation de toundra et de désert de pierres, battu par des vents violents et constants, ce haut plateau est sillonné par un troupeau de caribous qui a trouvé là un refuge analogue à son habitat nordique naturel.

Ces caractéristiques, que les « urbanophiles » pourraient qualifier de rébarbatives, constituent cependant l'attrait de la Gaspésie intérieure, car les randonneurs y accèdent à des paysages habituellement hors de portée, riches de formes originales et de panoramas grandioses ainsi que d'une flore et d'une faune inconnues des régions du sud.

Une étonnante biodiversité

Le printemps venu, les régions arctiques emprisonnent toutes les couleurs de l'arc-en-ciel sur leur tapis de mousse et de lichen. Les hautes terres de la Gaspésie y font écho. En faisant l'ascension d'un des sommets du parc, le promeneur quittera la haie d'honneur de cèdres qui borde la **rivière Sainte-Anne** et les bouleaux blancs qui les surplombent pour découvrir très tôt un pavement floral d'une grande diversité.

Son regard sera attiré par le rouge vif des fruits du cornouiller et le bleu luisant des clitonies. Plus discrètes sont les oxalides qui alignent des traînées rouges sur le fond blanc de leurs pétales et les champignons bruns, blancs ou orangés. Comme chez le fleuriste, la fougère, cette verdure capteuse de la lumière la plus chiche, vient envelopper les bouquets dont la montagne gratifie ses visiteurs.

Au sommet, d'autres espèces arborent la même gamme chromatique, mais de façon différente : fruits verts, feuilles rouges, roches habillées de mousse blanche ou verte. Une symphonie de couleurs. Pour apprécier l'étonnante diversité de ce milieu boréal et protéger les jeunes pousses, suivez le conseil de Monseigneur Félix-Antoine Savard : « Marchez avec des yeux au bout des orteils. »

En levant le regard, vous constaterez qu'ici les oiseaux, les chauves-souris, les insectes et les papillons peuplent l'air pur des sommets comme ils ne le font pas ailleurs. Avec un peu de chance, vous rencontrerez l'un ou l'autre des grands pensionnaires de la haute Gaspésie : les orignaux dans les vallées, les caribous sur le plateau. Ces caribous, au fait, constituent le seul troupeau qui subsiste actuellement au sud du Saint-Laurent.

N'oubliez pas vos souliers de marche

Près d'une centaine de kilomètres de routes sillonnent le parc, mais c'est à pied qu'il faut arpenter ce grand jardin forestier. Un réseau de sentiers bien balisés totalisant 150 km permet d'effectuer des randonnées pédestres d'une durée variable.

Jalonnés d'aires de repos, de tables de pique-nique, de trottoirs lorsqu'ils sont nécessaires, de belvédères, de tableaux d'interprétation, de monuments de pierre servant de balises, les sentiers vous amèneront à travers sous-bois ou à grand découvert, le long de bruyantes rivières, au bas de chutes de toutes dimensions, au bord de vertigineux précipices. Ils vous offriront des panoramas vastes comme un pays, permettant d'embrasser d'un seul coup d'œil une dizaine de lacs, une vingtaine de montagnes, des sommets densément boisés et des déserts de roches. Vous avez laissé votre avion privé à la maison ? Qu'à cela ne tienne : grimpez sur l'un ou l'autre des sommets du parc de la Gaspésie. La vue sera presque la même qu'à vol d'oiseau.

L'accueil est à la hauteur du paysage.

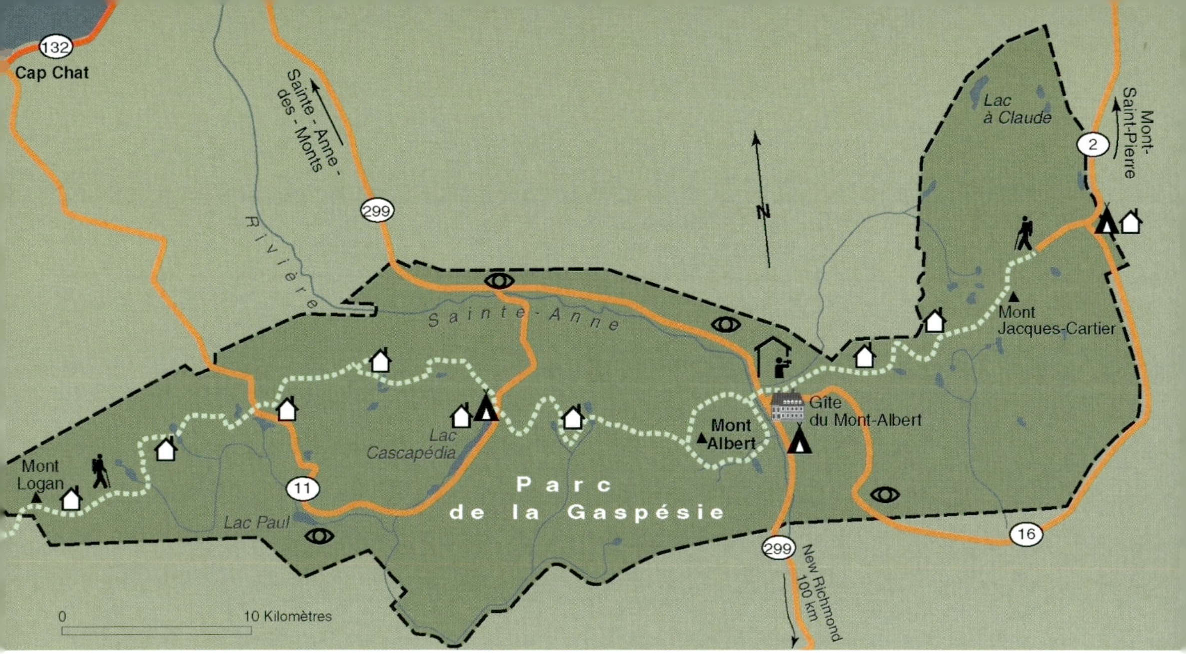

Comment s'y rendre ?

La formule classique pour visiter la Gaspésie est d'en faire le tour. Coupez à travers par la Route 299 qui relie **Sainte-Anne-des-Monts** à **New Richmond** ; vous découvrirez cette autre Gaspésie.

Airs de famille

chez nous

Le mont D'Iberville dépasse de peu les 1 270 m du mont Jacques-Cartier. Mais il est aussi au sommet du Québec, à 58° de latitude nord.

ailleurs

La Brandon Mountain, deuxième sommet de l'Irlande, s'élève à un peu plus de 1 000 mètres, comme le mont Jacques-Cartier, deuxième sommet du Québec. Et, comme lui, il regarde la mer, vers la Gaspésie que saint Brandon a peut-être visitée, du moins certains le croient-ils.

Pour en savoir plus

CHARTRAND, Jean-Philippe, *Le mont Albert. La randonnée floristique,* Cap-Chat, Les Éditions Carpe Diem, 1999, 95 pages, illustrations.

Gouvernement du Québec, Ministère du Loisir, de la chasse et de la pêche. *Parc de la Gaspésie, Sentiers de randonnée pédestre du mont Albert, Interprétation,* 1986, 26 pages.

Le petit rocher de Champlain

« À une lieuë du Cap de Gaspey, est un petit rocher que l'on nomme le forillon, esloigné de la terre d'un jet de pierre, ce dit cap est une pointe fort estroite. »

Le parc national de Forillon

Un autre Finistère

La France a son Finistère et l'Espagne, son *Finisterre* : des bouts de pays qui, par leur position et leur forme, indiquent le chemin de la mer. De ce côté-ci de l'Atlantique, une autre « Fin des terres » les regarde, ponctuée de vestiges marins et d'indiscrétions géologiques. Certains soutiennent que le mot amérindien *Gaspé* signifie précisément « fin des terres ». D'autres pensent que le nom vient de la langue basque et se réfère aux nombreuses baies de la région. Heureuse incertitude qui rappelle que Basques et Micmacs s'y sont rencontrés. Ils avaient en commun la connaissance de la mer et de ses richesses. Aussi la Gaspésie est-elle parsemée de vestiges de leurs activités.

Esthétique et pédagogie

La presqu'île de Forillon, un long doigt qui s'insère entre l'anse du Cap des Rosiers en avant-plan et la baie de Gaspé.

Si Jacques Cartier avait suivi la direction que le **cap Gaspé** lui indiquait comme un doigt pointé vers le sud-est, peut-être vivrions-nous aujourd'hui sous des cieux plus cléments… Mais nous aurions alors perdu un de ces coins de pays qui allient esthétique et pédagogie. Peu de régions offrent en effet dans un espace si restreint une gamme aussi importante de phénomènes à la fois spectaculaires et instructifs.

Une leçon de géomorphologie

Suivez le guide ! Il vous montrera comment reconnaître les schistes, les calcaires et les grès qui ont été mis à nu par un savant travail d'érosion que le Créateur a sans doute orchestré à des fins pédagogiques. Divers agents ont travaillé sous sa direction : la mer, le vent, les rivières et, à un rythme qui s'étend sur des millions d'années, les pulsations internes de la Terre. Ce lent et constant labeur des forces de la nature a créé des **falaises,** des éboulis, des failles, des dunes de sable, des marais, des tourbières, des lacs, des étangs, des flèches littorales, bref, une gamme fort complète de phénomènes géographiques.

Une leçon de botanique

La variété des formes de terrain et des roches qui les composent a produit, dans cette région, une flore d'une étonnante diversité. Le parc national de Forillon constitue un écosystème à plusieurs étages, s'échelonnant sur des altitudes qui varient du niveau de la mer jusqu'à plus de 500 m. Une flore de forêt, de clairière, de bord de mer et même de champs cultivés offre de ce fait, dans un espace d'à peine 200 km^2, un éventail d'espèces d'arbres et de plantes qui se trouvent tant dans la taïga nordique que dans les érablières du Sud. Une véritable végétation synthèse !

Face à la baie de Gaspé, la maison Blanchette.

Une leçon de zoologie

Sur la terre, dans la mer et dans le ciel, le monde animal est omniprésent; surtout, il est visible et observable. Par les routes et les sentiers ou le long des rivières, il est fréquent de croiser tamias, marmottes et castors, parfois quelque ours noir ou orignal. Le lièvre, vous le verrez blanc en hiver et brun l'été. Quant aux lynx et aux renards, bêtes d'une grande discrétion, vous n'en observerez sans doute que les pistes, l'hiver venu.

Point n'est besoin de pratiquer la plongée sous-marine pour constater la richesse de la vie aquatique. Les guides du parc vous montreront divers spécimens cueillis au fond de la mer: poissons, crustacés, mollusques, invertébrés divers et algues.

Mais c'est là-haut que vous verrez le plus de mouvement. Au parc national de Forillon, rares sont les ciels vides d'oiseaux. Plus de 200 espèces s'y croisent; certaines y logent en permanence, d'autres en font une halte, à mi-chemin de leur long pèlerinage saisonnier vers le nord au printemps et vers le sud à l'automne. D'autres oiseaux savent se dérober aux regards indiscrets et accrochent leurs nids à des parois rocheuses difficilement accessibles: cormorans, mouettes tridactyles et même les petits pingouins qu'on appelle « godes » s'y réfugient et nous font regretter de n'être pas oiseaux nous-mêmes. Ornithologues, apportez jumelles et carnets! Une bonne nouvelle qui réjouira sûrement les campeurs: les moustiques y sont rares.

Une leçon d'histoire

« Ça n'vaut pas la peine de laisser ceux qu'on aime [...] » (Michel Rivard, *La complainte du phoque en Alaska*)

Au Canada, le contact entre indigènes et Européens remonte officiellement à l'arrivée de Jacques Cartier à Gaspé. Mais il y a plus de 1 000 ans que le golfe du Saint-Laurent est fréquenté par des pêcheurs bretons, basques, espagnols, portugais, français, anglais et jersiais. Ces voyageurs, qui venaient s'approvisionner pour nourrir l'Europe catholique mangeuse de poisson, y ont laissé des traces et plusieurs y prirent même racine. Les vestiges d'une occupation axée essentiellement sur les pêcheries mais aussi, pour un temps, sur une agriculture d'appoint sont mis en exergue par des aménagements d'interprétation et de théâtralisation. Quais, palans, séchoirs, embarcations, phares, **fortifications,** bâtiments – dont le **magasin Hyman** et la **maison Blanchette** – et outils divers ponctuent le paysage et livrent leur message de mémoire.

Un autre grand dérangement

Le développement du parc national de Forillon n'alla pas sans contraintes ni difficultés, car la mémoire des lieux a aussi ses coins sombres. Le déracinement des quelque 200 familles qui y vivaient est la contrepartie de l'objectif louable de la valorisation du site. Comme pour ne pas oublier le prix du sacrifice, de nombreux bosquets d'arbres cultivés entretiennent, du côté sud de la péninsule, la mémoire des habitations disparues qu'ils enjolivaient autrefois.

Une expérience poétique

Lorsque les hautes falaises du **cap Bon Ami** prennent les couleurs irisées et changeantes du petit matin, devant une mer en mouvement perpétuel, une âme de poète se prendra à réaliser la fugacité du moment face à la mémoire quasi éternelle des rochers dans lesquels le temps a comprimé des millions d'années de lentes sédimentations. Il imaginera peut-être ce que furent tous les matins du monde. À cette échelle, le passage des hommes, comme celui des oiseaux, représente un bien court moment. L'aménagement du parc a voulu consigner ces rythmes de la longue histoire des lieux.

Les phares ponctuent le pourtour de la Gaspésie, jusqu'à son extrémité.

Profitez-en pour visiter . . .

Il y a beaucoup à voir au parc national de Forillon. S'y promener par tous les sentiers peut aisément remplir une période de vacances. Mais si on a envie de connaître le cœur de ce beau pays qu'est la Gaspésie, il faut visiter le parc de la Gaspésie pour découvrir et, pour ceux qui ont la forme physique nécessaire, escalader ses sommets, comme les monts Albert et Jacques-Cartier. On s'y retrouvera dans une nature presque originelle.

À mi-chemin entre le village de **Rivière-au-Renard,** où persistent les activités de pêche, et le cap Bon Ami, ne manquez pas de visiter le **manoir LeBoutillier,** propriété d'un prospère marchand de morue du XIXe siècle.

Comment s'y rendre ?

Si le parc national de Forillon est un bout du monde, il n'est toutefois pas un cul-de-sac, puisqu'il est situé à mi-chemin sur la route du traditionnel tour de la Gaspésie, qui fait 840 km. À partir de Sainte-Flavie, d'où commence la route de ceinture (route 132), le voyageur a le choix d'y arriver par le nord, après avoir longé le golfe et les paysages sévères et grandioses qui le bordent, ou par le sud, en empruntant les abords calmes et riants de la baie des Chaleurs. Le charme de Forillon tient à la synthèse de ces deux visages.

Anse-Blanchette, un des nombreux lieux d'interprétation.

Airs de famille

chez nous

Perdu dans les brumes du Nord, le cap Wolstenholme, le *cap Nord* québécois, est un autre de ces terminus territoriaux qui interpellent notre identité.

ailleurs

À la même latitude, de l'autre côté de l'Atlantique, la pointe du Raz, dans le Finistère breton, pointe son doigt effilé vers celui de Forillon.

Barques, filets et vigneaux, maintenant rangés sur les berges du souvenir.

Pour en savoir plus

ST-AMOUR, Maxime. *Guide du parc national Forillon,* Ottawa, Environnement Canada, 1984, 127 pages.

Le sonnet du juge

La beauté du rocher Percé a ému nombre d'artistes et d'écrivains, et même des personnages fort sérieux comme le juge Gonzalve Desaulniers, qui publiait ce sonnet en 1930 :

« C'est un cap étranglé de varechs et d'eau grise,
Que les assauts du nord ont en vain secoué,
Que le marsouin, passant par bandes sous la bise,
Vient frôler quelquefois de son dos tatoué.

Lorsque le soir descend sur son énorme frise,
L'ombre géante emplit son large flanc troué,
Où tout le jour, dorant le golfe qui s'irise,
Compagne de l'azur, la lumière a joué.

Défiant, calme et seul, les plus hautes marées,
Ses roches, par les flots saumâtres entourées,
Depuis des milliers d'ans, narguent le vent amer.

Et les grands goélands, ces lourds pigeons de mer,
Se repliant autour, dans leurs vols fantastiques,
Lui font un anneau blanc de leurs ailes étiques. »

Le rocher Percé

Anses et montagnes, îles et caps : un bout du monde spectaculaire

Tout au bout de la péninsule gaspésienne qui semble s'élancer à l'assaut du golfe, un rocher caméléon ponctue cette extrémité de pays : le rocher Percé. Vu du ciel, c'est un gigantesque lézard ou quelque monstre mi-poisson mi-serpent de mer s'accrochant au rivage. Vu de face, un grand tombeau flottant paisiblement en rade d'une pointe qui le regarde. Selon le point de vue, le rocher prend les couleurs du temps : solide ou fragile, il évoque la vigueur ou la tranquillité ; alternativement, il stimule, inspire ou repose.

La vedette gaspésienne : le rocher Percé

Deux points de vue, deux visages.

S'il est un site au Québec qui porte son nom avec transparence, c'est bien le rocher Percé. Il a été reproduit en peinture et en photo des millions de fois. Bien qu'il occupe une situation de bout du monde, on y vient des quatre coins de la planète. Situé à quelque 75 km de Gaspé, le rocher Percé, tel un point d'orgue posé sur la péninsule gaspésienne ou tel un navire de haut bord amarré entre mer et falaise, fait figure de Finistère québécois. Devant Percé comme devant Gaspé, c'est en effet le large, le golfe qui s'ouvre sur l'Atlantique.

Quand exactement et combien de fois le rocher a-t-il été percé par les assauts de la mer ? Voilà des questions assez obscures. Samuel de Champlain notait la présence d'un « trou par où les chaloupes et les bateaux peuvent passer de haute mer ». Quelques décennies plus tard, le père Chrestien Le Clercq, missionnaire chez les Micmacs, parlait des « deux ou trois arches de l'Isle Percée ». À la même époque, le seigneur de Percé, Pierre Denys de la Ronde, fait mention, dans ses écrits, de « trois ou quatre arches ». Ce que l'on sait avec certitude, c'est que le 17 juin 1845, la seconde arche du rocher s'est effondrée, sous le choc de la foudre, croit-on, en ne laissant que l'obélisque comme unique témoin, ce pilier haut de plus de 70 m situé à l'extrémité extérieure du rocher et vers lequel celui-ci s'incline légèrement sur une longueur de près d'un demi-kilomètre.

Comme les caps qu'il prolonge du côté de la mer, le rocher Percé est un immense bloc calcaire qui conserve dans ses entrailles d'innombrables témoins d'une vie marine active consignée dans la pierre sous forme de fossiles depuis des millions d'années. À la suite du célèbre géologue Logan, qui a révélé de nombreux secrets de la géologie gaspésienne et à qui est consacrée une plaque commémorative le long du sentier menant au rocher, les savants n'ont pas fini de décrypter la longue histoire géologique du rocher et les amants de la nature, d'en admirer la beauté, tout particulièrement au lever du soleil.

Au large : l'île Bonaventure

Ce sont les centaines de milliers d'oiseaux qui nidifient sur l'**île Bonaventure** qui ont assuré sa popularité. Entre le début d'avril et la fin d'octobre, une colonie de fous de Bassan vient nicher dans l'île. Leur nombre dépasse souvent les 60 000. Mais d'autres espèces les accompagnent : macareux, mouettes tridactyles, guillemots, marmettes et cormorans. C'est du côté oriental de l'île que le spectacle est le plus impressionnant. Imaginez un tiers de million de grands oiseaux accrochés aux hautes falaises de l'île ! Le spectacle sonore et chorégraphique qu'ils donnent est inoubliable et il se perpétuera sans doute longtemps, car le site profite d'un statut de refuge d'oiseaux migrateurs qu'on lui a reconnu dès 1919. Depuis 1985, l'île et le rocher constituent le **parc national de l'Île-Bonaventure-et-du-Rocher-Percé,** ce qui donne une garantie de protection de la faune, de la flore et du patrimoine historique de ce site.

Propriété du gouvernement du Québec, le parc offre aujourd'hui des aménagements adéquats aux visiteurs. Des sentiers balisés forment un réseau de 15 km qui permet de découvrir la flore de l'île, depuis les fleurs des champs qui ont colonisé les terres de culture abandonnées jusqu'à la flore arctique alpine qui coiffe les sommets. La **maison LeBoutillier,** du nom de la compagnie de pêche jersiaise qui s'y était installée au milieu du XIXe siècle, récemment restaurée et joliment meublée, présente une interprétation intéressante du passé de la région, notamment en ce qui concerne ses activités de pêche.

Comme des vigies

Devant le village de Percé, un grand marsouin s'est échoué et une petite chaloupe a été amarrée au cap.

Les environs de Percé offrent plusieurs possibilités de jouer les vigies, ces marins qui scrutent l'horizon du haut du grand mât. Derrière le village, le **mont Sainte-Anne** ; en bordure de mer, le **pic de l'Aurore** et les **Trois Sœurs.** Puis, pour admirer le rocher sous un angle particulier, le **cap Barré.** De ce promontoire, on peut projeter le regard jusqu'à 100 km de la côte, comme le faisaient les femmes des pêcheurs d'autrefois en invoquant sainte Anne, la patronne des pêcheurs. Une excursion au mont Sainte-Anne permettra de visiter une **grotte** agrémentée d'une chute dont les vapeurs d'eau alimentent une étonnante végétation. Un havre de paix.

Le village de Percé

Le village de Percé, longtemps protégé par sa modeste fonction de petit port de pêche, doit bien sûr sa popularité, depuis un demi-siècle, au site naturel enchanteur où il se love. Le pittoresque de la région a attiré de nombreux artistes qui y ont laissé un souvenir vivace et quelques galeries d'art, mais aussi tout l'attirail touristique, y compris quelques bonnes tables et de bons gîtes. Une fois dans le village, il faut surtout regarder vers la mer ou la montagne ; elles ont tant à offrir. Mais il ne faut pas négliger de visiter les divers bâtiments de la compagnie Robin, longtemps active dans la pêche et le commerce du poisson (chafaud, hangars, saline, magasin général).

À l'île Bonaventure, ce sont les acteurs qui sont aux premières loges et aux balcons.

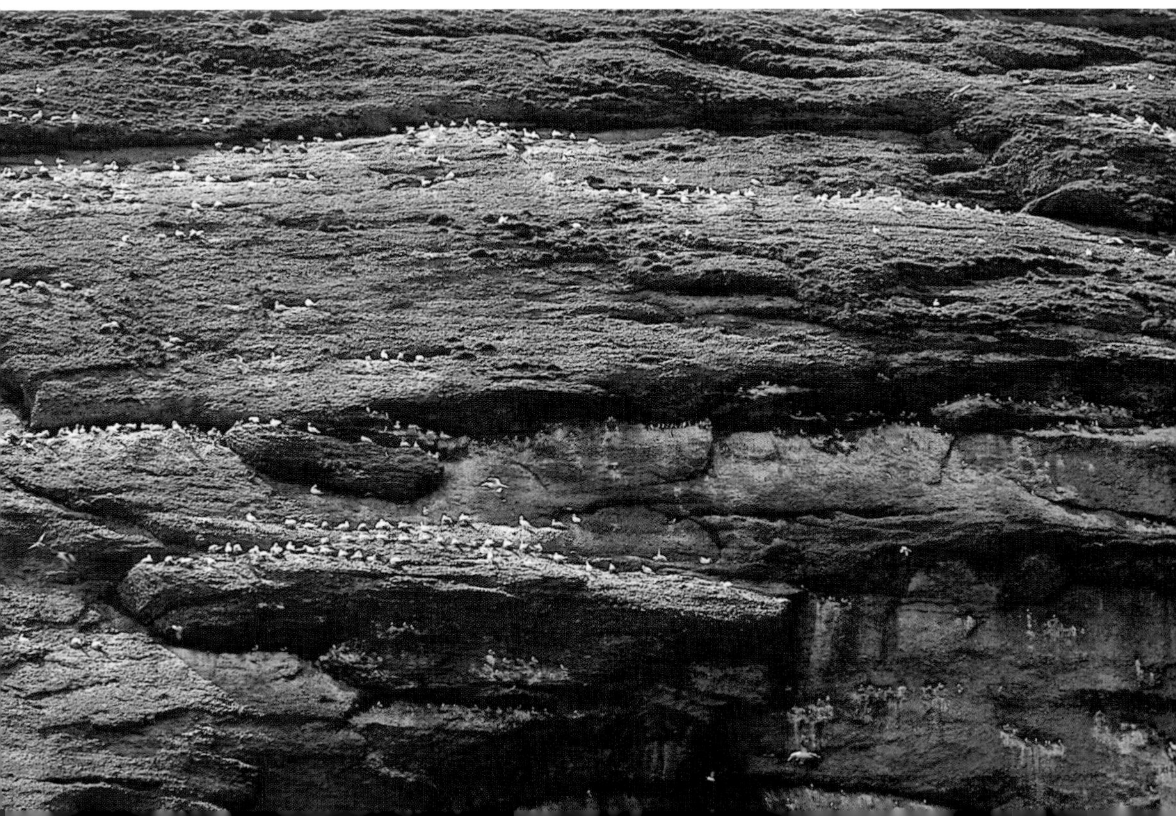

Profitez-en pour visiter...

Non loin de Percé, une impressionnante fissure vient tailler la géologie du lieu et livrer au visiteur les secrets de ses entrailles formées il y a plusieurs centaines de millions d'années. C'est la **Grande Crevasse.** Le parc Forillon n'est pas loin non plus, avec ses nombreuses ressources qui en font un incontournable.

Comment s'y rendre?

Percé est en quelque sorte le point culminant du tour de la Gaspésie. En venant de la baie des Chaleurs par la route, le voyageur trouvera bien justifié le nom de la **côte de la Surprise,** d'où il découvrira soudain le rocher dans toute sa majesté. S'il vient du nord, une fois le pic de l'Aurore atteint, un détour du chemin lui offrira une impressionnante vue en plongée sur l'ensemble du site. Mais il faut absolument aller jusqu'au rocher, le contourner et le toucher, comme l'exigent les plus belles sculptures. La nature a bien fait son œuvre. À marée basse, on peut se rendre au rocher à pied sec depuis le village. Mais la prudence est de mise: pensez au retour de la marée et songez que chaque année 300 tonnes de roches se détachent du rocher. Par ailleurs, pour franchir le trou à flot, il vous faudra un kayak bien léger. Des excursions en bateau sont tout de même organisées au rythme des marées. Quant à l'île Bonaventure, plusieurs excursions y amènent les visiteurs durant la belle saison.

L'île Bonaventure derrière laquelle nichent des milliers d'oiseaux.

Airs de famille

chez nous

À la pointe nord-ouest de l'île du Prince-Édouard, l'érosion a sculpté dans le grès rouge de l'île Jardin un minirocher Percé dont l'histoire est émouvante. Son travail a commencé en 1976 et, 15 ans plus tard, elle avait terminé son œuvre en donnant au rocher la forme d'un éléphant. Mais la mer a eu raison du bien nommé Elephant Rock, qui a sombré en 1998. Sans vouloir être prophète de malheur, on peut dire que c'est là l'histoire abrégée du rocher Percé.

ailleurs

Même phénomène, même image, à Étretat, sur la côte normande, en France : l'érosion marine y a sculpté, dans la haute falaise crayeuse, deux arches magistrales. Maupassant avait comparé le site à « un éléphant plongeant sa trompe dans la mer ».

Pour en savoir plus

LAPOINTE, Gilles. *Paul-Émile Borduas, photographe. Un regard sur Percé,* Saint-Laurent, Fides, 1998, 127 pages.

MCGERRIGLE, H.W. *L'histoire géologique de la région de Percé,* Québec, ministère des Richesses naturelles, 1968, 34 pages.

MÉLANÇON, Claude. *Percé et les oiseaux de l'île Bonaventure,* Montréal, Éditions du Jour, 1963, 94 pages.

ROY, Charles-Eugène. *Percé : sa nature, son histoire,* Percé, 1947, 178 pages.

L'île Brion, un jardin en pleine mer

« *Nous la trouvames plaine de beaulx arbres, prairies, champs de blé sauvaige, et de poy en fleurs, aussi espès et aussi beaulx, que je vis oncque en Bretaigne, queulx sembloict y avoir esté semé par laboureux. Il y a force grouaiseliers, fraissiers et rossez de provins, persil, et aultres bonnes erbes, de grant odeur.* »

Jacques Cartier

Discours du voyage, 1548

Les îles de la Madeleine

Un accueil fleuri pour Jacques Cartier

Dans le récit de son voyage en terre d'Amérique, Jacques Cartier nous révèle que les îles de la Madeleine se sont présentées à lui comme une corbeille de fruits et de fleurs dont il énumère le contenu avec la ferveur du découvreur. On pourrait croire que l'enthousiasme de Cartier enjolive la réalité.

En fait, il avait vu juste. En arrivant sur l'**île Brion**, le frère Marie-Victorin nota : « C'est bien cela ! Et rien n'a bougé ici depuis trois siècles [...] ; quelle description merveilleusement précise ! » De quoi accréditer les descriptions du capitaine Cartier, qui verra pourtant des diamants à Québec et de la vigne sur l'île d'Orléans. Notons que l'île Brion est maintenant une réserve écologique qui illustre la véracité des propos de Cartier et du frère Marie-Victorin : on y retrouve encore une grande diversité écologique, témoin de l'état primitif des îles.

Un territoire d'outre-mer

Le vent a construit des dunes; la végétation les a stabilisées.

On peut presque dire que, comme la France, le Québec possède des territoires outre-mer. Le golfe du Saint-Laurent n'est-il pas une mer intérieure ? À 50 km en aval de Québec, Berthier-sur-Mer annonce déjà que, devenu estuaire, le fleuve y a des allures maritimes. La position des îles par rapport aux provinces qui bordent le golfe concourt aussi à justifier ce titre, car elles sont deux fois plus éloignées de la Gaspésie que de l'île du Prince-Édouard et de la Nouvelle-Écosse. Loin des yeux, près du cœur !

La mer sape les falaises et construit des plages.

Hommes, vents et mer

Les îles de la Madeleine s'inscrivent en dehors des trois grandes unités géographiques du Québec. Filles de la mer, elles en ont pris les formes et le rythme. L'alternance de crêtes et de sillons, qui ondulent en cadence sur la surface des îles, prolonge, côté terre, les vagues de la mer. C'est par ailleurs le travail incessant des eaux littorales qui a donné aux îles leurs formes actuelles, les vagues déposant le long des grèves le sable et les cailloutis qu'au gré des marées elles arrachent aux falaises voisines.

Le vent intervient aussi. Il assèche le sable puis le pousse à l'intérieur des terres pour renchausser les butons rocheux qui constituent, en quelque sorte, la structure de base de l'archipel. Ces aspérités ont servi de points d'appui à partir desquels les dunes, les flèches et les terrasses ont constitué un réseau presque continu unissant ce qui, autrement, aurait pu ne demeurer qu'un groupe d'îles distinctes. L'homme s'est joint à la mer et aux vents pour consolider la cohésion des îles en construisant ponts et jetées. Seules, deux îles sont séparées du chapelet principal de l'archipel : l'**île d'Entrée** au sud et l'**île Brion** au nord.

Aujourd'hui, on peut couvrir par route les quelque 65 km qui vont de **Havre-Aubert** au sud à **Grande-Entrée** à l'extrémité nord. Le parcours présente une alternance de collines rondelettes, sur lesquelles les Madelinots ont bâti maison sans se préoccuper de symétrie, et de longues dunes, ces minces filets de sable qui séparent la mer et les lagunes.

Jardin zoologique, jardin botanique

Le phare de Cap-aux-Meules.

On peut aller aux îles pour profiter d'un soleil plus généreux qu'en bien des coins du Québec. Mais il ne faut pas fermer les yeux trop longtemps, car il y a beaucoup à voir sur terre, en mer et dans les airs. La faune et la flore de l'archipel, qui constituent un monde à la fois dense et fragile, font l'objet d'une protection particulière.

À l'extrémité nord du croissant principal de l'archipel, le refuge faunique de la **Pointe-de-l'Est** constitue une halte migratoire importante, puisqu'elle permet au pluvier siffleur et au grèbe cornu, deux espèces menacées, de bénéficier de l'hospitalité madelinote et d'y nidifier en toute quiétude, entre dunes, étangs et marais. Les oiseaux donnent l'exemple aux visiteurs des îles qui ont en général le pied marin, car la faune aviaire est essentiellement marine et aquatique : marmettes, macareux, hérons, mouettes, petits pingouins et bien d'autres figurent sur la liste des quelque 200 espèces d'oiseaux qui fréquentent l'archipel.

Deux autres sites contribuent à la protection biologique. La réserve écologique de l'Île-Brion et le refuge du **Rocher-aux-Oiseaux** concourent tous deux à préserver le mieux possible l'image primitive de la faune ailée et de la flore particulière de ces îles que la nature a prudemment placées à l'écart, en des lieux difficiles d'accès. Et c'est très bien ainsi.

Les richesses de la mer sont à l'image de ses marées : soumises à toutes sortes d'aléas, elles fluctuent. La chasse au phoque, décriée par une publicité tapageuse, a fortement fléchi. Conséquence : les stocks de poisson dont se nourrit le troupeau de phoques en constante augmentation sont maintenant menacés. Mais les Madelinots demeurent des pêcheurs expérimentés et bien équipés. Si vous vous levez tôt, vous pourrez chanter avec eux : « Partons, la mer est belle [...] » Maquereaux, morues, sébastes, harengs, plies et même requins vous attendent ; mais des moratoires les protègent par moments. Quant au homard, il sera encagé à la fin du printemps seulement.

Aux îles, c'est souvent à travers champs que se bâtissent les maisons.

Et le patrimoine…

Que ce soit de l'une des routes panoramiques qui longent le littoral ou de la butte du Vent qui offre une vue circulaire sur l'ensemble de l'île du **Cap aux Meules,** le paysage humanisé offre un intérêt certain et varié. Il faudra visiter l'église de **La Vernière,** que l'on dit être la plus grande église en bois de l'Amérique du Nord, de même que l'église de **Fatima,** en forme de coquillage. Le vieux couvent de **Havre-aux-Maisons** se distingue par la pierre taillée qui l'habille ; c'est le seul édifice de l'archipel à arborer un tel revêtement. D'autres constructions retiendront votre attention par leur originalité : les fumoirs à harengs, les baraques dont la toiture mobile protège le foin des intempéries, les garages à bateaux de La Grave et, bien sûr, les sympathiques maisons dont les couleurs font chanter le manteau vert des îles, comme si elles reflétaient le ciel parsemé d'étoiles.

Le rang ? Connaît pas.

Comment s'y rendre ?

C'est de Souris, petit port sur l'extrémité est de l'île du Prince-Édouard, que le traversier vous amènera aux îles, plus précisément à Cap-aux-Meules. Des bateaux partent aussi de Montréal (et Québec) mais ne prennent des véhicules qu'à Rimouski.

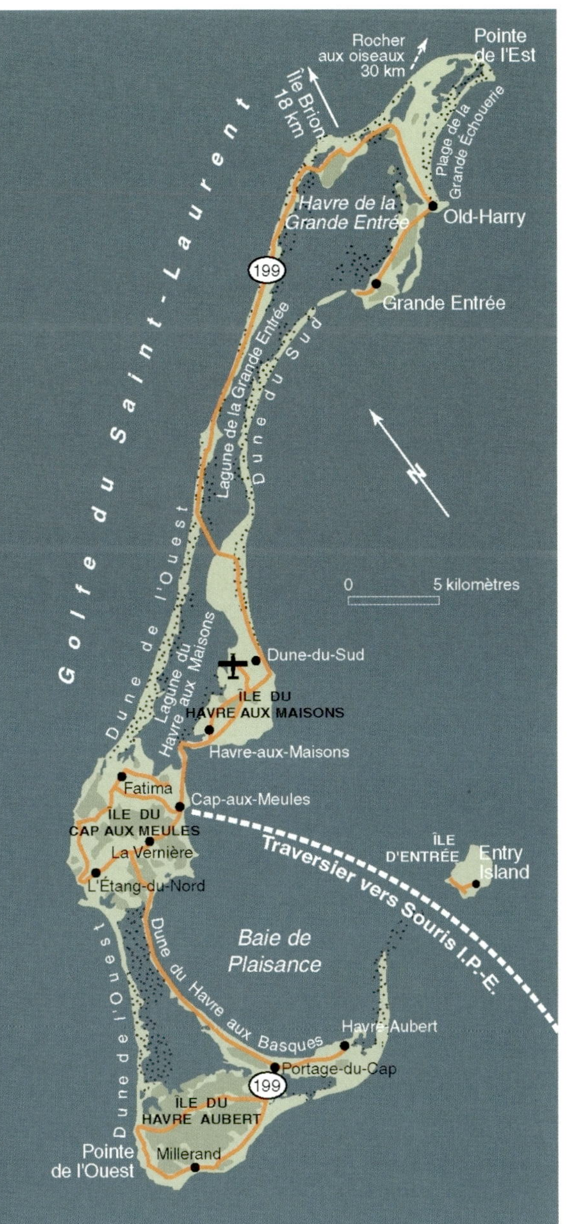

Airs de famille

chez nous

Le Québec possède des milliers d'îles, le long de ses littoraux et dans l'axe du Saint-Laurent. À vrai dire, aucune autre île n'a des caractéristiques analogues à celles des îles de la Madeleine. C'est un monde à part qu'il faut avoir vu.

ailleurs

Le Canada possède aussi outre-mer, à 300 km de ses côtes atlantiques, une île qui n'a de terre que le sable, un gardien et quelques chevaux sauvages. Son nom : l'île de Sable.

Pour en savoir plus

AUDET, Gabriel. *Gaspésie, Bas-Saint-Laurent, Îles-de-la-Madeleine*, Montréal, Guides de voyage Ulysse, 2002, 220 pages.

FISCHER, George. *À la découverte des îles de la Madeleine,* L'Acadie, Éditions Broquet, 1996, 200 pages, illustrations.

DE L'ORME, Jean-Claude. *Histoire populaire des îles de la Madeleine*, Montréal, Univers, 1980, 179 pages.

RASTOUL, Pierre et Gilles ROUSSEAU. *Les Îles-de-la-Madeleine, itinéraire culturel.* Montréal, France-Amérique, Québec, Éditeur officiel du Québec, 1979, 240 pages.

Index

N. B. : Les numéros de page en romain renvoient à une occurrence dans le texte ; ceux en italique renvoient à la légende d'une photo ; et ceux en gras renvoient au début d'un chapitre.

Et tant d'autres sites à découvrir...

Achevé d'imprimer au Canada
sur les presses de l'imprimerie Interglobe.